MW00989475

LAS TRES VOCES COMUNES DE DIOS

DEL AUTOR DE SUPERVENTAS DEL *NEW YORK TIMES*

MATTHEW KELLY

Publicado por Blue Sparrow
Una imprenta de Viident

Para obtener más información del autor,
visita: www.MatthewKelly.com

Diseño de portada por Maggie Barnett
Diseño de interiores por Todd Detering

ISBN: 978-1-63582-562-6 (tapa blanda)
ISBN: 978-1-63582-560-2 (libro electrónico)
Audiolibro disponible en Audible

10 9 8 7 6 5 4 3 2 1

Impreso en los EE.UU.

ÍNDICE

CAPÍTULO UNO: DEJA QUE TU VIDA HABLE

CAPÍTULO DOS: LA PRIMERA VOZ: LAS NECESIDADES

CAPÍTULO TRES: LA SEGUNDA VOZ: EL TALENTO

CAPÍTULO CUATRO: LA TERCERA VOZ: LOS DESEOS

CAPÍTULO CINCO: EL DESEO DEFINITIVO

EPÍLOGO: VEN A LA TRANQUILIDAD

Escuchar a Dios es un acto de expectativa esperanzada.
Escuchar a Dios requiere un corazón abierto.
Escuchar a Dios requiere que dejemos de lado nuestras preferencias y motivaciones personales.
Escuchar a Dios implica dejar de lado nuestro deseo obstinado y orgulloso de hacer lo que queramos.
Escuchar a Dios requiere humildad.
Escuchar a Dios es un acto de entrega.

¿Vas a escuchar?

CAPÍTULO UNO: DEJA QUE TU VIDA HABLE

ES POSIBLE VIVIR MAL TU VIDA

Tengo que advertirte que debes comenzar. Me veo obligado a contarte algo aterrador. Todos tenemos miedos, pero a la mayoría de nosotros no nos aterroriza lo que debería petrificarnos.

Les tengo miedo de los perros. Un pastor alemán me atacó brutalmente cuando era niño. Le tengo un poco de miedo a viajar en avión. Esto nunca me ocurría antes de tener hijos. Y le tengo miedo de los tiburones cuando nado en el océano, aunque sé que estadísticamente tengo más posibilidades de morir en un accidente automovilístico, por ahogamiento, por una caída accidental o como resultado de un error médico. Pero todavía le tengo miedo de los tiburones. Algunas personas le temen a las serpientes y a las arañas, otras le temen a la oscuridad. Pero déjame decirte lo que me aterroriza.

Estoy petrificado de vivir mal mi vida. Puedes vivir mal tu vida. La mayoría de la gente nunca lo considera una posibilidad, pero es cierto. Puedes vivir mal tu vida. Asimila este hecho. Esta es una posibilidad.

Asumimos que todos viven bien sus vidas. No es verdad. Nos engañamos a nosotros mismos. Asiste a la mayoría de los funerales y escucharás acerca de una vida bien vivida, aunque todos los asistentes sepan lo contrario.

La adolescencia y la edad adulta temprana de una persona a menudo se denominan su «juventud malgastada». Suele ser una referencia lúdica a un período de la vida de una persona en el que realizó actividades consideradas improductivas, perezosas, derrochadoras e incluso peligrosas en retrospectiva. A menudo se ridiculiza la idea de una juventud malgastada, pero la verdad es que hay un buen número de personas que tuvieron exactamente el mismo comportamiento y que, como resultado, terminan en prisión o muertas.

Puedes vivir mal tu vida.

La inquietante verdad es que ni siquiera es necesario hacer algo significativamente atroz. No necesitas convertirte en un drogadicto o asesinar a alguien para vivir mal tu vida. Puedes hacerlo de las maneras más mundanas y comunes. Puede suceder tan sutilmente que las personas que te rodean ni siquiera se darán cuenta, porque lo más probable es que te hayas rodeado de personas que malviven sus vidas exactamente de la misma manera.

Todo lo que se necesita es la aplicación constante de la mediocridad, la pereza, la procrastinación, la obsesión por las posesiones materiales y el egocentrismo.

Hablamos de personas que han perdido el rumbo y de vidas que se han descarrilado. Pero ¿has considerado alguna vez que has perdido el rumbo, que tu vida está descarrilada y que estás viviendo mal tu vida? Ese es el mayor error: ni siquiera considerar la posibilidad. Suponer que no te sucederá a ti.

Pero quizás la parte más desgarradora de todo esto es que al vivir mal tu vida nunca podrás ver o experimentar la vida que Dios imaginó para ti. Te pierdes la vida que Dios quería darte. Eso es desgarrador.

A menudo deambulamos descuidadamente por la vida como si una vida bien vivida estuviera garantizada. Pero no hay ninguna garantía.

¿Qué significa vivir mal tu vida? Es lo opuesto a una vida bien vivida. Significa vivir pobremente. Significa llevar una vida marcada por el potencial desperdiciado y desalineada con todo lo que es bueno, verdadero, justo y noble. Lo diré de nuevo: puedes vivir mal tu vida. Pero la mayoría de la gente nunca piensa en esto. Deambulan sin rumbo por la vida, asumiendo inconscientemente que todas las vidas están bien vividas, aunque todo el mundo conoce a personas que han vivido mal sus vidas.

¿Alguna vez has vivido mal una hora? ¿Una tarde? ¿Un día? Yo lo he hecho. He vivido mal demasiados días. Muchos. He malvivido muchas horas y muchas tardes. He malvivido momentos y he malvivido meses.

El problema es que si juntas suficientes días mal vividos, te encontrarás en el lado equivocado de una vida bien vivida. Y eso es algo aterrador. Encontrar el camino de regreso desde un lugar así puede resultar desalentador. Es muy difícil, no te voy a mentir. Pero es posible. Así es que si ahí es donde te encuentras, no pierdas la esperanza.

¿Cómo encuentras el camino de vuelta tras días y semanas mal vividos, o incluso años? Es simple, pero no fácil. La forma es tomar una decisión a la vez. Y si tu día o tu vida han ido a la deriva, comienza ahora, sin demora. Rectifica tu vida inmediatamente.

Una vida bien vivida se construye de la misma manera que se construye una vida mal vivida: una decisión a la vez. Cada decisión construye el carácter o lo erosiona. Asegúrate que la próxima decisión que tomes te conduzca a una vida bien vivida. Es sorprendente cómo una buena decisión puede cambiar el impulso de tu día. ¿Necesitas hacer un cambio?

Puedes arruinar tu vida. Pregúntale a la gente. Todo el mundo ha visto vidas arruinadas. Es algo trágico y patético, lleno de arrepentimiento y, a menudo, clichés. Y la mayoría de la gente solo se da cuenta de esto al final.

No podemos evitar nuestra cita con la muerte. La muerte nos llega a todos eventualmente. Y cuando la muerte se acerca, la persona en la que te has convertido se encuentra con la persona que podrías haber sido. Este es un encuentro humillante. No lo demores. Reúnete con la persona en la que eres capaz de convertirte durante unos minutos cada día. Cuanto más tiempo pases en estas reuniones, menos temerás a la muerte. Usa tus pensamientos, palabras, decisiones y acciones para cerrar la brecha entre quién eres hoy y quién eres capaz de ser. Este es el camino que conduce a una vida profundamente plena.

Vivimos o malvivimos nuestras vidas dependiendo de las decisiones que tomamos, una decisión a la vez. Algunas decisiones están llenas de bondad y vida, pero otras no son más que muerte y destrucción. Algunas decisiones crean caos y confusión; otras generan claridad y orden. Construye tu futuro con las decisiones que tomas hoy día. Imagina la persona que Dios quiere que llegues a ser, la persona que Dios tenía en mente cuando te creó, y construye hacia esa visión de tu yo futuro: una decisión a la vez.

Puedes vivir mal tu vida. Si te detienes el tiempo suficiente para pensar en ello, si te permites asimilar la posibilidad, es inquietante, aterrador en realidad. Pero aquí está la hermosa verdad: puedes cambiar el rumbo de tu vida con una sola decisión.

La decisión de escuchar la voz de Dios es una de esas decisiones. Decide aquí y ahora, hoy, abrir tu corazón y escuchar las tres voces comunes de Dios. Si lo haces, te lo prometo, Dios usará las necesidades, los talentos y los deseos con los que te creó para llenar tu vida con pasión y propósito.

DEJA QUE TU VIDA HABLE

Hace ochocientos años, San Francisco de Asís escribió: «Predica el Evangelio en todo tiempo, y solo cuando sea necesario usa las palabras». Cuatrocientos años después, esta fue sin duda la inspiración para George Fox, el fundador del movimiento cuáquero, cuando escribió: «Deja que tu vida predique». Este dicho ha evolucionado durante los últimos cuatrocientos años hasta convertirse en *Deja que tu vida hable*.

Deja que tu vida hable implica que tu vida podría no hablar. Ese no es el caso. La verdad es esta: no tienes otra opción. Tu vida habla ya sea que lo permitas o no. Tus acciones hablan y tu inacción habla. La única opción que tienes en este asunto gira alrededor de esta pregunta: ¿Qué le dice tu vida al mundo?

¿Tu vida está susurrando sabiduría al mundo? ¿O tu vida está maldiciendo al mundo y a todos los que están en él? ¿Es tu vida el santo desvarío de un profeta? ¿Tu vida alaba la bondad de los demás o chismea sobre ellos a sus espaldas?

Si tuvieras que resumir lo que dice tu vida en una palabra, ¿qué palabra usarías? ¿Amor, generosidad, considerada, responsable, irresponsable, clara, oscura, justa, sarcástica, hipócrita, degenerada, bondad, amabilidad, egoísta, irreflexivo, descuidado, ansioso, deprimido, verdad, belleza, sabiduría?

Tu vida está hablando.

En el trabajo la gente tiene una reputación. «Él siempre llega tarde.» «Ella siempre es útil». «Ella siempre es la primera en irse». «Es un genio». «Es un gran trabajador». «Ella está muy comprometida». «Nunca puede hablar en serio». La lista continua. Todo el mundo tiene una marca personal en el trabajo. Algunas se adquieren intencionalmente. La mayoría de las reputaciones las personas las adquieren sin proponérselo.

¿Cómo te describirían las personas que te conocen bien? ¿Qué dirían?

«Es la persona más sarcástica que he conocido». «Ella es la persona más generosa del mundo». «Es muy difícil llegar a conocerlo».

«Ella está constantemente chismorreando».

Hay muchos talleres y clases universitarias que piden a los estudiantes que escriban sus propios elogios u obituarios. Estos suelen incluir logros personales y profesionales, relaciones clave, lecciones de vida, valores y cómo la persona espera ser recordada. Es un excelente ejercicio que a menudo se descarta como trillado o cliché por quienes olvidan que los clichés se convierten en clichés al contener algún elemento de sabiduría universal. La virtud de este ejercicio es desarrollar una visión de la vida que deseamos vivir, para alinear nuestros pensamientos, palabras y acciones con esa visión cada día.

Escribir una declaración de misión personal es otro ejercicio poderoso. Sé que algunas personas pueden descartar esto como simplemente «autoayuda» o «inferior», pero eso sería un error. En todo caso, deberíamos tomárnoslo aún más en serio que aquellos que aprovechan esas herramientas para buscar resultados mundanos.

Me parece que tener una descripción clara y nítida de la vida que aspiramos a vivir, que pueda recordarse a lo largo del día para guiar las decisiones que forman nuestro carácter y nuestra vida, sería una ventaja significativa y práctica.

Una oración . Dos a lo sumo. Una declaración de misión personal. Escríbela. Repítela mentalmente, una y otra vez, a lo largo del día. Y en poco tiempo, notarás que guía tus pensamientos, palabras y acciones.

Visualiza la vida que deseas vivir, la persona que Dios te llama a ser y cómo deseas ser conocido y recordado. Esto permitirá que tu vida transmita un mensaje claro y nítido. Pero ¿cómo se puede lograr esa claridad personal? Aprendiendo a escuchar la voz de Dios.

Dejar que tu vida hable es una hermosa idea. Pero para que tu vida transmita un mensaje profundo, primero es necesario permitir que Dios tu vida incorpore la voz de Dios.

Tu declaración de misión personal solo puede redactarse con sus sabios consejos.

Y eso es lo que vamos a aprender a hacer: escuchar a Dios hablarte todos y cada uno de los días de tu vida. Y todo cambiará.

Sé que puede parecer imposible, pero te aseguro que no lo es. De hecho, una vez que aprendas a escuchar la voz de Dios en los momentos de tu día, entenderás por qué cometiste los errores que cometiste en el camino y te preguntarás cómo pudiste vivir sin su guía íntima.

DIOS NOS HABLA A TODOS

La pregunta no es: «¿Le habla Dios a la gente?» La pregunta es: «¿Está alguien escuchando?» Una mirada superficial a la sociedad llevaría a cualquiera a concluir: «Cada vez menos».

Antes de que Moisés liberara a los israelitas de la esclavitud en Egipto, la narración bíblica del libro del Éxodo revela que Dios le habló a Moisés a través de una zarza ardiente. Después de que los israelitas escaparon de la esclavitud y de Egipto, Moisés ascendió al monte Sinaí para pedirle a Dios más instrucción y dirección. Dios le dio a Moisés la instrucción y dirección más universal que la humanidad jamás haya recibido. Este evento es conocido como «La entrega de la Ley» y el fruto de este encuentro con Dios fueron los Diez Mandamientos.

Lo he preguntado antes y lo volveré a preguntar: ¿Cómo cambiarían nuestra nación y nuestro mundo si todos se esforzaran por vivir estos Diez Mandamientos? Ve las noticias de la noche esta noche y una historia tras otra contiene una violación flagrante de al menos uno de los diez.

Toma un momento y reflexiona sobre la sabiduría, la claridad y el orden con el que cada mandamiento anhela bañar nuestras vidas y la sociedad.

Los diez Mandamientos

Lo he preguntado antes y lo volveré a preguntar: ¿En qué se diferenciarían nuestra nación y nuestro mundo si todos se esforzaran por vivir estos Diez Mandamientos? Encienda las noticias de la noche esta noche y una historia tras otra contiene una violación flagrante de al menos uno de los diez.

Tómate un momento y reflexiona sobre la sabiduría, la claridad y el orden con el que cada mandamiento anhela bañar nuestras vidas y la sociedad.

Los diez Mandamientos

1. Yo, el Señor, soy tu Dios, que te ha sacado del país de Egipto, de la casa de servidumbre. No habrá para ti otros dioses delante de mí. No te harás escultura ni imagen alguna ni de lo que hay arriba en los cielos, ni de lo que hay abajo en la tierra, ni de lo que hay en las aguas debajo de la tierra. No te postrarás ante ellas ni les darás culto.
2. No tomarás en falso el nombre del Señor tu Dios.
3. Recuerda el día del sábado para santificarlo. Seis días trabajarás y harás todos tus trabajos, pero el día séptimo es día de descanso para el Señor, tu Dios. No harás ningún trabajo.
4. Honra a tu padre y a tu madre, para que se prolonguen tus días sobre la tierra que el Señor, tu Dios, te va a dar.
5. No matarás.
6. No cometerás adulterio.
7. No robarás.
8. No darás testimonio falso contra tu prójimo».
9. No codiciarás la casa de tu prójimo, ni codiciarás la mujer de tu prójimo, ni su siervo, ni su sierva».
10. No codiciarás [...] nada que [...] sea de tu prójimo. No desearás su casa, su campo, su siervo o su sierva, su buey o su asno: nada que sea de tu prójimo.

Dios nos habla. Él nos ha estado hablando desde el principio. Existe la tentación de pensar: «Bueno, Dios le habló a la gente en la Biblia y les habló a algunos santos y místicos medievales, pero no me habla a mí». Pero esto es una equivocación.

Para comprender cuán errónea es esa suposición, considera esto: el prefacio más común a cualquier oración en la Biblia es: «Dios dijo».

En su Carta a los Hebreos, San Pablo afirmó esta verdad: «Dios, habiendo hablado hace mucho tiempo, en muchas ocasiones y de muchas maneras a los padres por los profetas, en estos últimos días nos ha hablado por su Hijo, a quien constituyó heredero de todas las cosas, por medio de quien hizo también el universo. Él es el resplandor de su gloria y la expresión exacta de su naturaleza, y sostiene todas las cosas por la palabra de su poder. Después de llevar a cabo la purificación de los pecados, se sentó a la diestra de la Majestad en las alturas» (Hebreos 1, 1-3).

Dios habló con Moisés, habló con Noé, habló con María. Dios le habló a Adán y Eva, Abraham, Isaac, Jacob, Josué, Samuel, David, Salomón, Elías, Isaías, Jeremías, Ezequiel y los demás profetas.

Dios eligió diferentes maneras de hablarle a diferentes personas. Le habló a Moisés a través de la zarza ardiente.

Dios les habló a muchos otros a través de sueños. Le habló al faraón a través de sueños. Habló con José cuando María estaba comprometida con él a través de sueños. Y les habló a Jacob, a Salomón y a Daniel en sueños.

Dios les habló a muchos más a través de sus ángeles. Habló con Abraham y Sara utilizando tres visitantes angelicales que proclamaron que el favor de Dios había reposado sobre ellos a pesar de su vejez. Dos ángeles visitaron a Lot y su familia. Un ángel del Señor se apareció a Agar para hablarle de su futuro y el de su hijo Ismael. Jacob luchó con un ángel y exclamó: «He visto a Dios cara a cara». El ángel de Dios se manifestó como una columna para guiar a los israelitas a través del desierto. Un ángel le habló a Gedeón y a los padres de Sansón. El profeta Daniel tuvo una serie de encuentros con ángeles, quienes le proporcionaron visiones poderosas e interpretaciones precisas. Y, por supuesto, el ángel Gabriel les habló a Zacarías y María para anunciarles el nacimiento de Juan Bautista y la concepción de Jesús.

Dios, en la forma de Jesús, incluso les habló a los demonios y a los espíritus malignos.

¿De verdad crees que no te ha estado hablando?

Las palabras se encuentran entre las herramientas fundamentales de la vida, sean palabras escritas o habladas. También son las herramientas que Dios eligió usar muy poderosamente a lo largo de la historia de la salvación. Dios usó palabras para crear: «Entonces Dios dijo: "Sea la luz" y hubo luz. Y vio Dios que la luz era buena». (Génesis 1, 3) «Entonces dijo Dios: Júntense en un lugar las aguas que están debajo de los cielos, y que aparezca lo seco. Y fue así» (Génesis 1, 9). Y, por supuesto, a Jesús mismo se le llama «La Palabra».

La Revelación Divina es la comunicación directa de la verdad a la humanidad. Creemos que Dios se ha revelado más plenamente a nosotros a través de Jesucristo, el Alfa y la Omega, el Verbo de Dios Encarnado. La Revelación Divina toma dos formas: Escritura y Tradición. Ambos son parte integral del Apocalipsis y Dios nos habla a través de ambos.

Dios es el Padre supremo desesperado por hablar con sus hijos. Él quiere guiarnos y consolarnos, darnos fuerza y esperanza, enseñarnos y protegernos, estar a nuestro lado cuando las cosas son maravillosas y aferrarse a nuestro lado cuando nuestros mundos parece que se derrumbaran y nos aplastaran.

Nuestro Dios nos infunde compasión que puede poner fin al odio, generosidad que puede erradicar la codicia y sabiduría y coraje para poner nuestros miedos y tristezas en el lugar que les corresponde.

La mayoría de las personas nunca han conocido a este tipo de padre terrenal o celestial, y ya es hora de que hagamos algo al respecto.

Y, por supuesto, Dios nos habla a través de la mujer que eligió para ser madre de su Hijo.

En 1531, María, la Madre de Dios, s
pesino indígena llamado Juan Dieg
iglesia, pero a él le pareció impo
a él y el 12 de diciembre le orde
sentárselas al obispo como señal. Juan
vieja tilma (un sencillo manto indígena). Cua
el manto para el obispo, apareció milagrosamente una
brante en la tilma. Era una imagen de María, conocida hoy co
tra Señora de Guadalupe, Reina de México y Patrona de América.

La tilma ha sido examinada varias veces por los científicos y se han descubierto todo tipo de milagros. Puedes ver la tilma en la Ciudad de México, donde veinte millones de personas la visitan cada año.

En 1858, María se apareció a una joven campesina llamada Bernadette cerca de una gruta en Lourdes, Francia. Ella vino como mensajera de Dios. Ha sido un lugar de fe y sanación desde entonces. Más de doscientos millones de peregrinos han visitado Lourdes desde que María se apareció por primera vez a Bernadette.

En 1917, María se apareció a tres jóvenes pastores en Fátima, Portugal. Los niños tuvieron muchas conversaciones con María, durante las cuales ella los invitó a orar por todos los que estaban perdidos y sufriendo en el mundo. También realizó milagros para que todos los presentes los vieran, en particular el Milagro del sol, que fue presenciado por más de 70.000 personas y reportado en docenas de periódicos seculares de todo el mundo. Cinco millones de personas visitan Fátima cada año anhelando estar cerca de Jesús y su madre.

Dios está constantemente comunicándose con la humanidad. La pregunta sigue siendo: ¿estamos escuchando?

Dios nos habla a través de las Escrituras, los Sacramentos, la Tradición, otras personas, situaciones y circunstancias, sueños, visiones, apariciones y profecías. A veces Él nos habla a través de

...ociones e intuición, a través de nuestro dolor y sufrimiento, ...onto descubriremos, Dios le habla a cada persona todos los ...ndo tres voces comunes: las necesidades, los talentos y los ...s. Él nos habla en lo más profundo de nuestra alma.

...Dios hace todo lo posible para guiar, advertir, enseñar y dirigir a sus ...ijos. No solo en el pasado, sino aquí y ahora, hoy día.

Más que eso, parece que Dios utilizará todos los medios necesarios para hacernos llegar un mensaje. El Antiguo Testamento registra a Dios hablando a través de una zarza ardiente (Éxodo 3), una espesa nube (Éxodo 19, 9) y en un suave susurro (1 Reyes 19, 12)

Pero todo eso es en el pasado. Este es tu momento. Aquí y ahora. Te encuentras en la encrucijada de tu vida. Y nuestro Dios ama el libre albedrío, así que tú puedes elegir.

Cuando Moisés estaba a punto de morir, dijo a Josué y al pueblo de Israel: «Mira, yo he puesto delante de ti la vida y el bien, la muerte y el mal» (Deuteronomio 30, 15). Moisés no pudo elegir a Josué más de lo que Dios pudo elegir a Moisés.

¿Elegirás la vida y la prosperidad o la muerte y la adversidad?

¿Cómo sabrás qué camino conduce a la vida y la prosperidad y cuál camino conduce a la muerte y la adversidad? Gran pregunta. Me alegra que lo hayas preguntado. Lo sabrás escuchando la voz de Dios. Permitiendo que el Dios de toda la creación hable en los momentos y circunstancias de tu vida.

Hay una niña de trece años al otro lado de la ciudad y está en peligro. Su padre sabe que está en peligro, pero ella no contesta el teléfono. Ese padre está desesperado por localizar a su hija. Imagínense su angustia.

Hay un hombre de treinta y cinco años a punto de tomar la peor decisión de su vida. Su padre sabe lo que su hijo está pensando hacer y está desesperado por hablar con su hijo, ayudarlo a ver el error que está a punto de cometer y el tsunami de consecuencias que una decisión estúpida puede desencadenar. Pero su hijo no acepta ninguna de sus invitaciones. La angustia del Padre es monumental.

Eres la niña de trece años que piensa en hacer algo que alterará su vida de una manera que ni siquiera puede imaginar. Cambiará su manera de pensar sobre sí misma, cambiará su manera de hablar consigo misma, afectará su salud mental y su salud física, pero es demasiado joven para ver nada de eso. Dios la dotó de una voz suave en su interior; es una voz de bondad y sabiduría, y es una voz de su Padre. Dios espera urgentemente que ella escuche esta noche.

Dios es el Padre supremo que anhela hablar en las vidas de sus hijos. Hará todo lo posible para comunicarse con nosotros. ¿De verdad crees que no te va a hablar?

Dios Padre anhela profundamente comunicarse contigo. Él es el Padre que quiere cosas buenas para ti más de lo que tú mismo las quieres. ¿Harás una pausa en la locura de tu vida durante unos minutos cada día y lo escucharás?

LAS TRES VOCES: UNA SENCILLA INTRODUCCIÓN

Habrá algunos que persistirán en la actitud de pensar «Dios no me habla». Así como hay personas que persisten en la actitud de decir «no tengo talentos», aunque claramente tienen la capacidad de hacer una gran diferencia en la vida de otras personas y ese es un talento extraordinario.

El título de este libro se refiere a tres voces comunes de Dios. Son comunes en el sentido de que las encontramos en los momentos comunes de nuestras vidas. Pero estas tres voces son comunes y corrientes igual como lo es la gente: no existe tal cosa. C.S. Lewis observó: «No existe gente común y corriente. Nunca has hablado con un simple mortal. Las naciones, las culturas, las artes, las civilizaciones son mortales y su vida es para la nuestra como la vida de un mosquito. Pero son inmortales las personas con quienes bromeamos, trabajamos, nos casamos, despreciamos y explotamos: horrores inmortales o esplendores eternos».

No existe una persona ordinaria ni una voz ordinaria de Dios. Cuando Dios habla es un regalo de valor inestimable.

Una de las muchas cosas que hace asombrosa nuestra fe se encuentra en la realidad de que Dios se ha dado a conocer a nosotros. No como un Dios distante, anónimo e inescrutable, sino como un Dios íntimo que anhela compartir cada triunfo y tragedia de nuestras vidas, y más aún, en nuestras rutinas y rituales mundanos diarios.

Aquí es donde encontramos más activas las tres voces «comunes». Estas voces son: la necesidad, el talento y el deseo.

Dios te creó con necesidades. Si no comes, morirás. Y así, de una manera amorosa y asombrosamente práctica, cuando escuchas el llamado de una necesidad legítima, escuchas la suave voz de Dios que te guía.

Dios te ha dotado de ciertos talentos. Son diferentes en conjunto de aquellos que le ha dotado a tu hermana, a tu mejor amigo o a tus padres. Él te ha dado estos talentos para equiparte para llevar a cabo la misión que él imaginó para ti antes del comienzo de los tiempos. Él te habla a través de estos talentos en cada etapa de tu vida.

Dios ha colocado la llama rugiente del deseo dentro de ti. Se puede aprovechar para lograr y experimentar muchas cosas, pero como descubriremos, cuanto más escuchamos la voz del deseo, más llegamos a comprender que tenemos un deseo que reina por encima de todos los demás.

Estas tres voces nos enseñarán muchas cosas, pero ante todo, demostrarán que Dios te habla. Y cuanto más entendamos cómo Dios nos habla a través de nuestras necesidades, talentos y deseos, más entenderemos que Él nos ha estado hablando toda nuestra vida.

LOS BENEFICIOS DE ESCUCHAR LA VOZ DE DIOS

Los beneficios de escuchar la voz de Dios son vastos y variados. Dirección y consejo sabio, paz y consuelo, crecimiento espiritual, fortalecimiento para servir, unión con Dios y una conciencia creciente de la presencia de Dios a lo largo del día, por nombrar algunos. Pero hay dos en los que nos centraremos hoy. Son inmensamente prácticos. Los he encontrado sumamente útiles en tiempos de caos y confusión. Y, en muchos casos, te ayudarán a conocerte y comprenderte a ti mismo como si fuera la primera vez.

Cuando escucho la voz de Dios y me esfuerzo por realizar su voluntad, me siento enfocado, me siento lleno de energía y vigorizado. Cuando le doy la espalda a Dios, o huyo de su voluntad y sus caminos, me distraigo, me agoto y me siento letárgico. Toda la energía y el entusiasmo desaparecen de mi vida.

He estado observando este patrón en mí durante más de treinta años y te animo a que comiences a observar estas cualidades en ti mismo. Cuando no estoy concentrado, lleno de energía y vigorizado, es muy probable que no esté escuchando la voz de Dios, lo que significa que estoy siguiendo la dirección de alguien que no es Dios, y eso suele ser peligroso. A veces significa que la voz que estoy escuchando es la mía y que mi egoísmo está fuera de control. Pero la mayoría de las veces, si no escucho la voz de Dios, simplemente he caído en la trampa de permitir que muchas voces me lleven de un lado a otro hasta un estado de confusión. El problema es que escuchar todas esas voces y tratar de decidir cuál seguir es agotador, y cuando estamos agotados tomamos pobres decisiones.

Los beneficios de escuchar la voz de Dios en tu vida versus escuchar a un grupo de personas que no saben casi nada sobre nada deberían ser obvios. Pero cuando quedamos atrapados en la velocidad y el ruido del mundo, nos desorientamos y empezamos a pensar que esas personas son expertos. No lo son. Dios es el experto en ti y tu vida.

CLARIDAD PERSONAL

La claridad personal es algo asombroso. También es increíblemente atractiva. Cuando conoces a alguien que tiene un penetrante sentido de claridad personal, puede resultar fascinante.

Entonces, exploremos uno de los beneficios más sorprendentes y prácticos de escuchar la voz de Dios: la claridad personal.

¿Qué es la claridad personal? La claridad personal es un estado espiritual de conciencia que te permite ver claramente quién eres, para qué estás aquí, qué es lo más importante y lo que no importa en lo más absoluto.

Esta claridad proviene de colaborar con Dios para establecer firmemente tus prioridades, valores y metas.

Cuando vivimos en un estado de claridad personal, podemos recostar la cabeza sobre la almohada por la noche sabiendo que quiénes somos, dónde estamos y qué estamos haciendo tiene sentido. Y eso no es poca cosa.

La vida de la mayoría de las personas no tiene sentido para ellos mismos. La mayoría de la gente vive ansiosamente en una nube de confusión. La mayoría de la gente tiene muy poca claridad personal.

La mayoría de las personas hacen muy pocos esfuerzos por escuchar la voz de Dios en sus vidas.

Y, triste y trágicamente, a la mayoría de las personas nunca se les ha enseñado cómo escapar o ir más allá de estos estados miserables y estresantes. Este libro está diseñado para liberarte de una vida que no tiene sentido para ti, ayudándote a adquirir la asombrosa claridad personal que se obtiene al aprender a escuchar la voz de Dios.

Personas con gran claridad personal se han tomado el tiempo para responder cinco de las preguntas más importantes de la vida. Todos luchamos con estas cinco preguntas a lo largo de nuestras vidas. Los grandes pensadores de todas las épocas las han discutido y debatido, y ahora es tu turno.

¿Quién soy?

¿Para qué estoy aquí?

¿A dónde voy?

¿Qué es lo más importante?

¿Qué es lo que menos importa?

Las respuestas simples a estas preguntas son:

¿Quién soy? Un hijo de Dios, creado de manera única y maravillosa.

¿Para qué estoy aquí? Estás aquí para amar a Dios y al prójimo. Dios te ha asignado una misión específica que te permitirá lograr todo esto y al mismo tiempo convertirte en todo aquello para lo que él te creó.

¿A dónde voy? Eres un peregrino. Todas las peregrinaciones son sagrados viajes a destinos sagrados. Tu destino es Dios, en el cielo, por la eternidad.

¿Qué es lo más importante? Las personas fueron hechas para ser amadas y las cosas para ser utilizadas. No estás aquí para resolver los problemas; los problemas están aquí para hacerte santo.

En quién te conviertes es infinitamente más importante que lo que haces, tienes, logras o compras.

¿Qué es lo que menos importa? Cualquier cosa que se convierta en un obstáculo entre ti y Dios, entre ti y amar a los demás, o entre ti y la misión que Dios te ha encomendado. A medida que desarrollas respuestas claras y concisas a estas preguntas, te vuelves realmente bueno en algo en lo que la mayoría de las personas en el planeta son realmente malas: decir no. Aprender a decir no a cualquier persona y a cualquier cosa que se interponga entre ti y el plan de Dios para tu vida es una habilidad crucial para la vida. Tiene sentido, pero a la mayoría de las personas nunca se les ha enseñado esto.

Aprende a decir no a cualquier cosa y a todo lo que sea demasiado pequeño para ti. El resultado será que te volverás decisivo. Esto no es una cosa pequeña. Este es el comienzo para convertirte en un gran tomador de decisiones. Dios tiene tantos sueños para ti, y uno de esos sueños es que te conviertas en un fenomenal tomador de decisiones. Escuchar la voz de Dios conduce a la claridad personal, y la claridad personal conduce a grandes decisiones.

La claridad personal es algo hermoso. Cambiará todos los aspectos de tu vida. Las técnicas de este libro te ayudarán a desarrollar tu claridad personal, pero todo comienza con la oración. Entonces, te animo a que le pidas a Dios que te dé claridad personal y te recuerde una de las promesas de Jesús: «Pidan, y Dios los atenderá; busquen, y encontrarán; llamen, y Dios les abrirá la puerta. Pues todo el que pide, recibe, y el que busca, encuentra, y al que llama, Dios le abrirá la puerta» (Mateo 7, 7-8).

¿Cuándo fue la última vez que realmente pediste, buscaste o llamaste? Es hora de pedirle a Dios que inunde tu corazón, mente y alma con claridad.

LA CLARIDAD CONDUCE AL COMPROMISO

Es imposible estar desconectado y feliz. Todos los días nos encontramos con personas desconectadas. La mayoría de las veces no comprenden el verdadero propósito y valor de lo que están haciendo.

El miserable cajero del supermercado probablemente piensa que el propósito del trabajo es ganar dinero. No estaría solo. Millones y millones de personas que hoy se sienten miserables en el trabajo piensan que la principal razón por la que van a trabajar es para ganar dinero. No hay nada malo en ganar dinero. Es necesario, pero no es suficiente.

Ganar dinero para sustentarnos y sustentar a nuestras familias es noble. Es una de las razones por las que trabajamos. Pero no es suficiente para que el trabajo sea satisfactorio, no si uno gana 14 dólares la hora y no si gana 400.000 dólares al año. Puede ser difícil de creer para la persona que gana 14 dólares la hora, pero las personas que son perezosas y tienen malas actitudes siguen siendo miserables cuando ganan 400.000 dólares al año.

Ganar dinero no es la razón principal para trabajar. Ganar dinero es secundario. Es necesario, pero sigue siendo secundario.

El objetivo principal del trabajo es ayudarte a convertirte en una mejor versión de ti mismo. Trabajar duro, esforzarse por la excelencia, prestar atención a los detalles de tu trabajo y servir a otras personas con alegría te transforma en un mejor ser humano. El valor principal del trabajo es que ayuda a desarrollar el carácter, y el carácter es el destino.

El carácter de alguien que se niega a trabajar duro, se conforma con la mediocridad en todo, descuida los detalles de su trabajo y sirve a la gente a regañadientes mientras difunde la miseria de la actitud que ha elegido será muy pobre en verdad. ¿Qué calidad de amigo sería esta persona? ¿Cómo afectaría todo esto a su salud física y mental? ¿Querrías a esta persona como tu vecino? ¿Y qué mujer diría: «Este es el hombre de mis sueños; estoy segura de que se asociará conmigo de manera proactiva para maximizar las oportunidades que se presenten en nuestro camino y mitigar los problemas que encontramos»?

«El carácter es el destino». Era cierto hace 2.500 años cuando el filósofo griego Heráclito lo observó por primera vez, y es cierto y observable hoy.

Y por encima de todo esto, hay aún un propósito más elevado y un llamado a trabajar. El trabajo es también una forma de oración. Cada hora de trabajo ofrecida a Dios por una persona o intención específica tiene un valor y poder infinitos.

Esta forma hermosa y práctica de abordar el trabajo nunca se le ha enseñado a la mayoría de las personas, ni siquiera a quienes se esfuerzan sinceramente por vivir la fe. Cada hora de trabajo tiene un valor infinito.

Cada hora de trabajo es una hora de oración. Esta idea simple, pero sorprendentemente profunda, revela el significado y el propósito más elevados del trabajo. Pero rápidamente nos sobreviene una triste comprensión: a la mayoría de las personas nunca se les ha enseñado a abordar el trabajo de esta manera. Mientras tanto, cada nueva generación que ingresa a la fuerza laboral exige que su trabajo sea más intrínsecamente significativo, mientras ignora por completo su propia capacidad para infundir a su trabajo un significado asombroso.

El segundo beneficio práctico de escuchar la voz de Dios es el compromiso.

El compromiso es algo hermoso. Ver a una joven estudiante profundamente inmersa en su trabajo es inspirador. Eso es compromiso. Ver un equipo de fútbol trabajando unido de manera cohesiva hacia un objetivo común, en lugar de una colección de egos individuales obsesionados con el éxito personal, eso nos levanta el ánimo. Es inspirador ver a una pareja casada atravesando un momento difícil. Demuestra que es posible, y ser testigo siempre trae esperanza a muchos.

El compromiso es atractivo e inspirador, pero los seres humanos rara vez están 100% comprometidos. De hecho, constantemente, momento a momento, nos involucramos y nos desconectamos de todo lo que hacemos.

Es posible que hoy estés 87% comprometido en el trabajo y 62% mañana. Quizás rápidamente argumentarás que tu compromiso nunca cae tan bajo en el trabajo. Pero uno contrae un resfriado común, no cáncer, sólo un resfriado. Todavía vas a trabajar porque están sucediendo muchas cosas. ¿Qué pasa después? Te desconectas. Te preguntas a ti mismo: «¿Qué proyectos es absolutamente necesario realizar hoy? Todo lo demás puede esperar». Te has desconectado. Eso no es una crítica; es una observación. No está mal. Es natural. Es normal. Es racional. Es humano. Tus instintos de supervivencia se han activado. Te has desvinculado hasta cierto punto para conservar la poca energía que tienes, para poder centrarte en lo más importante y recuperarte.

Nadie está 100% comprometido en nada todo el tiempo. Los padres a menudo se opondrán. Algunos intentarán argumentar que están 100% comprometidos como padres todo el tiempo. No es cierto, ni siquiera para los mejores padres.

Algunos días pueden estar 100% comprometidos. «Está bien, niños», anuncian, «hoy será el mejor día de sus vidas. Vamos a hacer esto, y esto, y esto, y esto, y esto, y esto, y esto y luego almorzaremos».

Pero otros días, estos mismos padres están agotados, enfermos, deprimidos, preocupados por una crisis o distraídos por algún otro aspecto de sus vidas. En estos días, les dicen a sus hijos: «Salgan y Jueguen, niños». Es un nivel diferente de compromiso. No los hace malos padres. Les pasa a todos los padres. Es natural. Es normal, es racional. Es humano. Los padres están constantemente variando su nivel de participación y compromiso.

«Yo he venido para que tengan vida, y para que la tengan en abundancia», fue la promesa de Jesús (Juan 10, 10). La vida en plenitud es una vida muy comprometida.

Ahora quizás estés pensando: «No estoy viviendo una vida muy comprometida». Está bien, aprender a escuchar las tres voces comunes de Dios va a cambiar eso. Puedes estar pensando: «Solo estoy alrededor de 50% involucrado en mi matrimonio». «Solo estoy alrededor de un 30% dedicado a mis finanzas personales». «Estoy alrededor del 65% dedicado a mi vida espiritual». Está bien. Saber dónde estamos nos ayuda a trazar un camino hacia donde Dios nos llama a estar.

Una claridad penetrante y un compromiso masivo son solo dos de los grandes beneficios que recibimos cuando escuchamos a Dios.

Sea cual sea el nivel de compromiso o desconexión que estés experimentando en cualquier aspecto de tu vida, es hora de hablar con Dios sobre cada área de tu vida y es tiempo de escuchar lo que él tiene que decir sobre la mejor manera de proceder.

Pero en el camino, recuerda estar atento a estas tres cosas que comentamos. Cuando me esfuerzo seriamente por escuchar la voz de Dios, me concentro, me lleno de energía y me vigorizo.

Centrado. Energizado. Vigorizado.

Y permítanme compartir algo más que he observado. Cada vez que no estoy concentrado, lleno de energía y vigorizado, es un indicador confiable de que no estoy escuchando la voz de Dios, o peor aún, que estoy ignorando su voz y persiguiendo activamente mis propios planes y deseos egoístas.

La claridad personal conduce a un compromiso masivo que conduce a una concentración, energía y vigorización. Estos son los frutos de escuchar las tres voces comunes de Dios.

¿VAS A ESCUCHAR?

Una de las formas más rápidas de mejorar cualquier relación es convertirse en un mejor oyente. La mayoría de las personas asumen que son buenas escuchando a sus seres queridos, pero las investigaciones sugieren que es posible que estemos sobreestimando nuestros esfuerzos.

El 96% de las personas creen que saben escuchar y, sin embargo, solo retenemos alrededor del 50% de lo que dicen los demás. Piensa en eso por un momento. ¿Cuánto tiempo has estado casado? ¿Treinta años? Tu cónyuge solo ha escuchado la mitad de lo que has dicho. No es de extrañar que nos sintamos incomprendidos y tengamos desacuerdos.

Y nuestra confianza en que somos buenos oyentes nos hace aún peores a la hora de escuchar, porque nos impide abordar la escucha con una intención centrada.

Aprender a escuchar es un arte.

Es fácil cuestionar si Dios nos habla, pero la preponderancia de la evidencia sugiere que deberíamos prestar atención a otra pregunta. Esta pregunta más pertinente, la pregunta que enfrentamos a diario, es: ¿Vas a escuchar? Y la pregunta que sigue a continuación es: ¿Llevarás a cabo lo que Dios te pide?

El primer paso es aprender a escuchar. No sólo aprender a escuchar a Dios, sino aprender a escuchar en general: a todos en tu vida. Tomás de Aquino enseñó: «La gracia se basa en la naturaleza». Entonces, antes de aprender a escuchar voces sobrenaturales, primero debemos escuchar las voces comunes que oímos todos los días.

Cuando aprendemos a escuchar, adquirimos una habilidad por excelencia para la vida. Cuanto mayor me hago, más me doy cuenta de lo vital que es escuchar para las relaciones vibrantes. También es la forma más eficaz de mejorar cualquier relación, especialmente nuestra relación con Dios.

A medida que te conviertas en un mejor oyente, tus relaciones mejorarán, ¡garantizado! No ojalá ni tal vez. Definitivamente. Y les contaré dos secretos: la mayoría de las personas no tienen una sola persona que les escuche profundamente, y a todo el mundo le encanta tener un buen oyente.

Aquí hay doce maneras de convertirse en un mejor oyente:

1. Encuentra el entorno adecuado para la conversación.
2. Mira al hablante y mantén contacto visual regular.
3. Abandona tus intenciones ocultas.
4. No interrumpas.
5. Escucha sin juzgar.
6. No intentes adivinar lo que la otra persona va a decir.
7. Resiste la tentación de llegar a una conclusión antes de que la persona haya terminado.

8. No empieces a planificar qué decir a continuación mientras la otra persona todavía está hablando.
9. No impongas tus opiniones.
10. Escucha a la persona en su totalidad estando consciente de las señales no verbales.
11. Mantente enfocado.
12. Haz preguntas.

El mundo está lleno de personas que se sienten incomprendidas, y que nadie las ama y nadie las escucha. Gran parte de este dolor y sufrimiento podría aliviarse si cada uno de nosotros redujera el ritmo y escuchara un poco más abnegadamente.

No enseñamos a la gente cómo convertirse en grandes oyentes. Eso es triste. Pero es trágico que no le enseñemos a la gente a escuchar a Dios.

¿Y por qué no somos mejores oyentes? ¿Es porque estamos muy ocupados? Ésa es una razón, pero no la principal. Estamos ocupados, pero cuando nos sentamos unos minutos con nuestros seres queridos, ¿por qué escuchamos tan poco de lo que la otra persona intenta transmitir? Es porque estamos muy centrados en nosotros mismos.

Escuchar es una actividad centrada en los demás. Pero la mayor parte del tiempo, cuando «escuchamos», estamos pensando en lo que queremos decir a continuación o juzgando cómo nos afecta lo que dice la otra persona. Se trata de una escucha centrada en uno mismo que prácticamente garantiza que no escucharemos lo que la otra persona intenta transmitir.

La verdad desgarradora es que escuchar es un estado de humildad. La humildad es la esencia de escuchar. Y la humildad es escasa en nuestra cultura. Vivimos en una cultura donde todos quieren hablar y nadie quiere escuchar. No debería sorprendernos que tanta gente se sienta incomprendida. No debería sorprendernos que haya tanta división.

Escuchar bien es un estado de mayor humildad marcado por dejar de lado las preferencias y intenciones ocultas personales.

Aprender a escuchar la voz de Dios y tener el coraje de seguirlo son dos cuestiones diferentes, pero maravillosamente conectadas. Podríamos hacer la pregunta de esta manera: ¿Serás obediente a lo que oyes?

La obediencia es una de las palabras menos populares en nuestra cultura actual. Entendemos la obediencia como cumplir las órdenes de un superior, someterse a las órdenes de un líder o seguir las instrucciones de otra persona. Pero la palabra «obediencia» proviene del verbo latino *obedire*, que significa «escuchar profundamente».

La mayoría de la gente no busca consejos sabios. La mayoría de las personas no están dispuestas a aprender. La mayoría de las personas se están destruyendo paulatinamente con cada elección que hacen. La mayoría de la gente no está interesada en la voluntad de Dios. ¿Estás dispuesto a ser diferente?

Cuando escuchamos profundamente, entendemos más completamente las razones por las que se nos ordena hacer algo, y cuanto más entendamos, más fácil será llevar a cabo lo que se nos pide.

La obediencia requiere que establezcamos nuestras preferencias y deseos personales. La obediencia va más allá de la humildad normal de escuchar. Pero en nuestra sociedad obsesionada con sí misma, la mayoría de la gente quiere hacer lo que quiera, cuando quiera, y no se puede convencer a muchos de que escuchen razones (y mucho menos la sabiduría).

Nuestro deseo de hacer lo que queremos, cuando queremos, con quien queremos es fuerte. Pero no es insuperable. Se puede domesticar, pero primero hay que observarlo y reconocerlo para empezar a superarlo.

Escuchar a Dios es un acto de expectación esperanzada. Escuchar a Dios requiere un corazón abierto.

Escuchar a Dios requiere que dejemos de lado nuestras preferencias y motivaciones ocultas personales.

Escuchar a Dios implica dejar de lado nuestro deseo obstinado y orgulloso de hacer lo que queramos.

Escuchar a Dios requiere humildad. Escuchar a Dios es un acto de entrega.

¿Vas a escuchar? Esa es la única variable. Dios te *ha estado* hablando, *te está* hablando y *seguirá hablándote*. ¿Vas a scuchar? ¿Y cómo escucharás? ¿Recuerdas algún momento de tu vida en el que realmente querías escuchar lo que alguien tenía que decir? ¿Recuerdas estar enamorado y escuchar atentamente cada palabra que tu amado o amada decía, murmuraba y susurraba? ¿Escucharás a Dios así? ¿Escucharás con entusiasmo o a regañadientes? ¿Escucharás con curiosidad infantil o con escepticismo hastiado?

Abre tu corazón y escucha la voz de Dios y te encontrarás a punto de encontrar todas las cosas nuevas.

CAPÍTULO DOS: LA PRIMERA VOZ: LAS NECESIDADES

EL SUEÑO DE TODO PADRE

Algunos padres quieren que sus hijos sean médicos y abogados, otros quieren que sus hijos jueguen béisbol o fútbol, pero todos los padres quieren que sus hijos tomen buenas decisiones. Se preguntan durante el día y permanecen despiertos por la noche, con la esperanza que sus hijos elijan sabiamente.

Esto no es una coincidencia porque era el sueño de Dios para todos sus hijos primero. Dios quiere que te conviertas en un tomador de decisiones espectacular. Y esta es una de las razones más prácticas para escuchar la voz de Dios. Pocas cosas mejorarán más tu vida que convertirte en un gran tomador de decisiones.

Los que son padres, pregúntense: ¿Qué tan felices serías si alguien pudiera garantizarte que tus hijos tomarán grandes decisiones? ¿Qué tan feliz te sientes cuando ves que tu hijo toma una gran decisión?

Quieres que tu hijo se convierta en un tomador de decisiones espectacular. No se te ocurrió eso por tu cuenta como padre. Lo copiaste de Dios.

Eres hijo de Dios y él tiene el mismo sueño para ti. Dios quiere que te conviertas en un excelente tomador de decisiones. ¿Cuál es tu desempeño? ¿Eres un buen tomador de decisiones? ¿Qué tan bueno? Si tuvieras que calificarte entre uno y diez, ¿cómo te calificarías como tomador de decisiones? ¿Tienes un proceso probado que utilizas para tomar decisiones?

Y mientras piensas en eso, ¿qué tan bueno eres para decir no? ¿Te resulta fácil decir que no cuando alguien te pide que hagas algo, pero ya estás demasiado comprometido? ¿O te encuentras diciendo que sí a cosas todo el tiempo y luego te preguntas por qué lo hiciste?

Y una forma más de pensarlo: ¿eres una persona resolutiva?

La mayoría de las personas no son decididas, les resulta terriblemente difícil decir que no y no toman buenas decisiones.

Tomamos decisiones horribles: grandes, pequeñas y medianas decisiones horribles también. ¿Por qué? No es porque seamos estúpidos o incapaces de tomar buenas decisiones. Es porque no incorporamos en nuestras vidas la sabiduría que ya hemos adquirido. Una vez que nos alejamos de esa sabiduría, nos quedamos atrapados en las arenas movedizas del egoísmo y el miedo a perdernos algo. La otra razón por la que tomamos malas decisiones es porque no involucramos a Dios en la conversación. Una vez que excluimos a nuestro asesor principal y al consejero más sabio, es muy fácil dejarse arrastrar por el atolladero de los sentimientos de los demás. Y una vez que empezamos a tomar decisiones basadas en nuestros sentimientos o en los de otras personas, somos sin duda el hombre que construyó su casa sobre arena. Aquí es donde empiezas a sentirte culpable por decir no a algo a lo que cualquier persona racional te diría que dijeras no. Aquí es donde te obsesionas con rechazar una invitación y ofender a alguien que solo en algunos días puede notar tu presencia. Aquí es cuando caemos en el agujero negro de querer agradarles a todos y nos volvemos adictos a la validación externa. Y una vez que empezamos a tomar decisiones basadas en agradarle a la gente, nos hemos unido a Dante y Virgilio en sus giras por el purgatorio.

Y aún así, el sueño de Dios permanece. Él quiere que te conviertas en un tomador de decisiones espectacular.

Vive tu vida para una audiencia de una sola persona. Solo hay una opinión que importa: la de Dios. Busca su voluntad en todas las cosas, y una vez que tengas una idea de cuál es su voluntad, ejecútala con pasión y propósito. La parte entre la búsqueda y la ejecución es de lo que trata este libro. Esa es la parte en la que escuchamos la voz de Dios.

Si no lo hacemos, es casi seguro que nos encontraremos diciendo sí a cosas a las que deberíamos decir no, y no a cosas a las que deberíamos decir sí.

Y con cada mala decisión, el caos y la confusión de nuestras vidas aumentarán.

Agrega a este torbellino una de los elementos de basura cultural más populares de este siglo y tendrás una tormenta perfecta que prácticamente garantiza que se tomarán pocas decisiones acertadas. Me refiero al miedo a perderse algo.

Deberíamos tener miedo de perdernos algo, pero no de la manera que la mayoría de la gente piensa. Cuando la gente dice que tiene miedo de perderse algo, tiene miedo de perderse todo. Esto, por supuesto, es ridículo, casi una locura, porque la realidad inevitable e indiscutible de la vida es que nos lo perdemos casi todo.

¿Qué deberías tener miedo de perderte? El único camino que Dios imaginó para ti desde el principio de los tiempos. Este es un temor justo. Es un miedo iluminado que evitará que desperdicies lo que queda de tu corta vida.

¿Alguna vez miras la vida de otra persona, observas que ha salido terriblemente mal y te preguntas cómo sucedió?

Dejame contarte una historia. Tengo un amigo y por razones de privacidad digamos que se llama Pablo. Hace unas semanas llamé a Pablo y esta fue nuestra conversación.

«Pablo, me alegro de haberte contactado. ¿Cómo estás?»

«Bien», respondió Pablo.

«¿Cómo va el trabajo?»

«Bien».

«¿Cómo está Julia?» (Julia es la novia de Pablo).

«Ella es genial. Acaba de recibir un ascenso fabuloso en el trabajo».

«¿Es ella la indicada para ti, Pablo?»

«No», respondió. Lo dijo casualmente pero con firmeza. Lo dijo sin dudarlo. Me di cuenta de que lo había pensado. Julia no es la indicada para Paul, y Paul lo sabe.

«No tardaste mucho en pensar en eso», comenté.

«Sí lo sé. He estado pensando en ello. Ella es genial . Mejor que genial, y realmente me gusta. Pero ella simplemente no es la indicada para mí».

Han estado saliendo durante tres años, así que me sorprendió esta revelación y dije: «Bueno, lamento oír eso. ¿Cuándo planeas decírselo y romper con ella?»

«Oh, no», dijo Pablo, «no vamos a romper. ¿Qué te dio esa idea?»

Desconcertado, le reflejé lo que creía haber escuchado y por qué había llegado a lo que pensé que era una conclusión obvia: «Déjame asegurarme de haber entendido esto bien, Pablo... Estás saliendo con Julia, has estado saliendo con Julia durante tres años y realmente te gusta. Sabes que ella no es la indicada para ti, pero no vas a romper con ella porque realmente te gusta».

Él dijo: «Sí», nuevamente de una manera tan casual que parecía la única conclusión lógica. Excepto que no lo era.

Entonces le pregunté: «¿Qué harás el viernes por la noche?»

«El viernes por la noche llevaré a Julia a ver esa nueva película».

Aquí está el problema. El viernes por la noche, cuando Pablo estaba en esa película con Julia, esa podría haber sido la noche en que iba a conocer a la mujer que Dios creó solo para él.

Cuando decimos sí a cosas que sabemos que no son para nosotros, nos perdemos las cosas que Dios creó solo para nosotros.

Piensa en eso. Lo que está en juego es crucial. Mucho más alto de lo que la mayoría de la gente jamás considera. Cuando dices sí a cosas que sabes que no son para ti, te pierdes todas las personas, cosas y experiencias que Dios creó solo para ti. Y eso es lo que anhelamos, eso es lo que te provoca escalofríos, eso es lo que vale la pena perseguir.

Dios quiere que tu sí sea un sí apasionado, y quiere que tu no sea un no decidido. Dios quiere que te conviertas en un tomador de decisiones espectacular. Y esa es una de las muchas razones por las que necesitamos aprender a escuchar su voz en nuestras vidas, en los momentos clave, pero también en el ajetreo y el bullicio de la vida cotidiana.

Hay muchas razones para adquirir la habilidad de escuchar a Dios, pero pocas son más prácticas que la forma en que elevará la calidad de las decisiones que tomes.

LA PRIMERA VOZ: LOS FUNDAMENTOS

Las necesidades son inherentes a nuestra naturaleza humana. Quizás esto nunca haya sido expresado más elocuentemente que por San Pablo en su discurso a los atenienses: «Porque en Él vivimos, nos movemos y existimos» (Hechos 17, 28). Este hermoso pasaje presenta la proximidad de Dios. No es un Dios lejano y anónimo, sino cercano y presente. También demuestra nuestra completa y absoluta confianza en él.

Nos olvidamos rápidamente de nuestra inmensa necesidad. Rápidamente olvidamos nuestra total dependencia de Dios. Nos olvidamos rápidamente de Dios en general, pero si Dios nos olvidara aunque sea por un nanosegundo dejaríamos de existir.

«En Él vivimos, nos movemos y existimos». Esta es la definición misma de necesidad, pero olvidamos lo necesitados que somos.

La primera voz común de Dios es la necesidad.

Si no comes, morirás. Puede que tarde unos días, pero si no comes pronto, morirás. Tienes una necesidad legítima de comida. ¿Quién te dio esa necesidad? Si no respiras, morirás aún más rápido. Tienes una necesidad legítima de aire para respirar. ¿Quién te dio esa necesidad? Si no duermes, te volverás loco. Literalmente loco. ¿Quién te dio esa necesidad? Estas son las formas más sencillas de comprender que todos tenemos necesidades legítimas.

Dios nos dio estas necesidades y te habla a través de tus necesidades. ¿Por qué crees que nos hizo de esta manera? Son pistas. ¿Pistas sobre qué? Cómo vivir la vida al máximo. Cómo ser feliz. Cómo vivir la vida abundante que Jesús describe en el Evangelio.

Estás maravillosamente hecho. Fuiste creado a *propósito* y *con un propósito*. Y tus necesidades son una de las maneras poderosas en que Dios te habla todos los días. Tus necesidades te guían brillantemente hacia tu misión única y hacia la mejor manera de vivir. (Al igual que tus talentos y deseos más verdaderos, que descubriremos en los dos próximos capítulos).

Dios nos creó con propósito y misericordia con necesidades. Tus necesidades son la voz de Dios que te habla de una manera hermosa, práctica y común.

LOS CUATRO ASPECTOS DE LA PERSONA HUMANA

La mejor manera de explorar el ámbito de nuestras necesidades es a través de los cuatro aspectos de la persona humana: físico, emocional, intelectual y espiritual. Tiene necesidades legítimas en las cuatro áreas. Dios te creó con estas necesidades y, como tales, te brindan pistas sobre quién eres y cómo vivir tu corta vida.

Nuestra cultura está obsesionada con la segunda y tercera voces comunes (el talento y el deseo), pero como pronto descubrirás, tu felicidad general depende mucho más de escuchar la primera voz: la necesidad.

Tienes necesidades físicas, emocionales, intelectuales y espirituales, y Dios te las dio como un mapa hacia la felicidad y mucho más. Si aprendes a escuchar tus necesidades, te encontrarás en el umbral del florecimiento humano.

Pero antes de profundizar demasiado en el tema, me siento obligado a clarificar que la mayoría de nosotros estamos muy confundidos acerca de cuáles son nuestras necesidades legítimas. Este es el resultado de una enorme confusión cultural acerca de la diferencia entre *necesidades* y *deseos*. Y es precisamente aquí donde se vuelve preocupantemente fácil comenzar a vivir mal nuestra única y preciosa vida.

Por lo tanto, quizá sea mejor asumir en este punto que no sabes cuáles son tus necesidades. Abre tu corazón para descubrir tus verdaderas necesidades por primera vez y para escuchar a Dios hablarte a través de ellas.

Tus necesidades físicas

Tus necesidades físicas son relativamente fáciles de entender. Tienes una necesidad legítima de comida, agua, refugio, ropa y ejercicio. Estos son algunos ejemplos centrales. La razón principal por la que nuestras necesidades físicas se comprenden tan fácilmente es porque si las descuidamos, las consecuencias son considerables e inmediatas.

El ejercicio regular, una dieta equilibrada y un sueño regular son tres de las formas más sencillas de aumentar nuestra pasión, energía y entusiasmo por la vida. Se encuentran entre nuestras necesidades legítimas más simples y contribuyen enormemente al bienestar de toda la persona. El bienestar físico es la base sobre la que construimos nuestras vidas. Esto a menudo se olvida en nuestra búsqueda de otras cosas resplandecientes y de menor importancia. Pero a menos que atendamos diligentemente nuestras necesidades físicas, nuestra capacidad en todas las demás áreas de nuestra vida se verá reducida.

Este cuerpo es nuestro hogar en el ámbito físico. También es templo del Espíritu Santo. Personalmente, considero que esta es una verdad incómoda. A veces he tratado mi cuerpo bastante mal. Tengo mis razones y justificaciones, pero no son más que excusas y autoengaños. La brutal verdad es que he comprometido mi salud por placer, ambición y una pobre comprensión del servicio a Dios y a los demás. He descuidado mis necesidades físicas al pasar días sin dormir para completar un proyecto o un manuscrito. La primera vez que tuve cáncer hice lo que me pidieron los médicos, pero no tomé en serio el mensaje que Dios me estaba enviando. Lo traté como un inconveniente y seguí viviendo la vida a quinientas millas por hora. He hecho un mal trabajo al tratar mi cuerpo como templo del Espíritu Santo. Tengo trabajo que hacer en este sentido.

¿Qué te está diciendo Dios a través de tus necesidades físicas en este momento de tu vida?

Tus necesidades emocionales

Tus necesidades emocionales son más sutiles que tus necesidades físicas, pero proporcionan un conducto inmensamente poderoso a través del cual podemos escuchar la voz de Dios.

«¿Qué son los sentimientos?» Recuerdo que mi hijo Walter me preguntó cuando era pequeño. «Los sentimientos son mensajeros», le dije.

Tus sentimientos no son buenos ni malos, son solo mensajeros. Aprender a escuchar estos mensajes es una forma poderosa de aumentar el conocimiento de uno mismo y mejorar las relaciones.

Tomemos como ejemplo el miedo. El miedo es una emoción muy útil. Dios nos habla a través de él principalmente para mantenernos a salvo. Dios nos habla a través del miedo cuando nos acercamos demasiado a una caída pronunciada. La ira también es una emoción muy útil. Puede ser Dios señalando una injusticia.

Tus necesidades emocionales son vastas y variadas, y cambian en diferentes etapas de tu vida. Incluyen la amistad, la comunidad, la intimidad y las oportunidades para amar y ser amado.

También tienes necesidades emocionales que tienen una dimensión psicológica, como tu necesidad de aceptación, comprensión, conexión, seguridad, validación, autonomía, empatía, confianza y aliento.

Y tienes necesidades emocionales con una dimensión espiritual, como tu necesidad de significado y propósito.

Nuestras necesidades emocionales son más fáciles de ignorar porque no son necesarias para la supervivencia inmediata. El efecto de descuidarlas puede tardar meses o incluso años hasta que el resultado es debilitante. Y, sin embargo, en cada paso del camino, descuidarlos disminuirá nuestra alegría y producirá declive en otras formas que nos impiden prosperar.

La inanición emocional, si bien no pone en peligro la vida, tiene síntomas. Para algunos de nosotros, la inanición emocional puede provocar cambios radicales de humor, para otros, un letargo general, y para otros aún, ira, amargura y resentimiento. El corazón sufre y el cuerpo grita. Sobre todo, la inanición emocional conduce a distorsiones en nuestro carácter y nos impide convertirnos en la mejor versión de nosotros mismos.

Para la mayoría de las personas, sus necesidades emocionales legítimas se satisfacen pasando tiempo con la familia, los amigos, el cónyuge, el novio o la novia, los colegas y quizás con un mentor o director espiritual.

Una de nuestras necesidades emocionales dominantes es nuestra necesidad de aceptación. Todos necesitamos personas en nuestras vidas que, a través de sus acciones, digan: «Te veo. Te escucho. Tú importas. Estoy contigo. Me importas.»

Todos necesitamos sentir que pertenecemos. Ante el rechazo, podemos poner cara de valiente y fingir que podemos sobrevivir. Es cierto . Podemos sobrevivir sin el cariño que proporciona la aceptación. Pero no podemos prosperar sin él.

La aceptación es una de las fuerzas que impulsa el comportamiento humano. Nuestra necesidad de ser aceptados es poderosa y es sorprendente lo que la mayoría de la gente hace para lograr algún tipo de aceptación o sentido de pertenencia.

La presión de grupo aprovecha al máximo esta necesidad de ser aceptado. Bajo la influencia de la presión de sus pares, las personas hacen cosas que no harían si estuvieran solas (y en muchos casos preferirían no hacer), simplemente porque no quieren ser excluidas de un círculo social particular. Quizás no exista mayor ejemplo de nuestra necesidad de pertenecer y sentirnos aceptados.

Buscamos este sentido de pertenencia de cientos de maneras diferentes en el trabajo, la escuela, dentro de nuestras familias, en el contexto de nuestras relaciones íntimas y uniéndonos a clubes, iglesias y comités. Algunas de las formas en que intentamos satisfacer esta necesidad son saludables y nos ayudan a perseguir nuestro propósito esencial. Otras no son saludables y pueden impedirnos prosperar.

Tenemos una gran necesidad de aceptación y sentido de pertenencia. Esto hace que sea más fácil entender por qué la gente se une a pandillas y sectas. Al igual que tú y yo, las personas que se unen a pandillas y sectas tienen una necesidad legítima de aceptación y sentido de pertenencia. Simplemente no tienen las opciones que tenemos tú y yo.

Nuestras necesidades son poderosas. En muchos casos, si no se realizan de forma saludable, buscarán su propia satisfacción de forma autodestructiva.

Ahora exploremos nuestra necesidad emocional de una amistad dinámica. Si bien ciertamente necesitamos aceptación, también necesitamos que nos alienten y desafíen a cambiar y crecer.

La verdad sobre la amistad es la siguiente: aprendemos más de nuestros amigos que de los libros y, como resultado, nos volvemos como las personas con las que pasamos el tiempo.

Si tus amigos sólo quieren ver televisión, beber cerveza, comer pizza y jugar videojuegos, es probable que adoptes su estilo de vida. Si tus amigos hacen ejercicio en el gimnasio cuatro veces por semana y llenan sus fines de semana con actividades al aire libre, lo más probable es que adoptes su estilo de vida.

Los amigos que elegimos elevan o bajan nuestros estándares. Todos necesitamos personas en nuestras vidas que eleven nuestros estándares y nos desafíen a convertirnos en la mejor versión de nosotros mismos.

Nuestra mayor necesidad emocional es la de intimidad. Más allá de las necesidades primarias de alimento, agua, sueño y aire para respirar, la intimidad es la mayor necesidad de la persona humana. La intimidad es algo sin lo cual una persona no puede vivir felizmente.

El sexo no es intimidad. Casi todas las referencias a la intimidad en la cultura popular moderna son una referencia al sexo. La cultura piensa que el sexo y la intimidad son la misma cosa. Pero no lo son.

Los seres humanos anhelan, por encima de todo, la intimidad. Deseamos la felicidad y, a veces, confundimos este deseo de felicidad con el deseo de placer y posesiones. Pero una vez que hemos experimentado el placer o obtenido las posesiones, todavía nos sentimos insatisfechos. ¿Qué queremos qué? Intimidad. Nuestro deseo de felicidad es, en última instancia, un deseo de intimidad. Si tenemos intimidad, podemos prescindir de muchas cosas y seguir siendo felices. Sin intimidad, todas las riquezas del mundo no pueden satisfacer nuestros corazones hambrientos. Hasta que experimentamos intimidad, nuestro corazón permanece inquieto, irritable y descontento.

Entonces, ¿qué es la intimidad? La intimidad es una autorrevelación mutua.

La vida es un proceso de autodescubrimiento y autorrevelación. Cada día, de mil maneras, nos descubrimos de nuevas maneras y nos revelamos a las personas que nos rodean. Todo lo que decimos y hacemos revela algo sobre quiénes somos y qué valoramos. Incluso las cosas que no decimos y las cosas que no hacemos les dicen a los demás algo sobre nosotros. La vida se trata de compartirnos con la humanidad en este momento de la historia.

Las relaciones también son un proceso de autorrevelación. Pero con demasiada frecuencia gastamos nuestro tiempo y energía ocultando nuestro verdadero yo en las relaciones. Aquí es donde encontramos la gran paradoja que rodea nuestra lucha por la intimidad. Toda la experiencia humana es una búsqueda de armonía entre fuerzas opuestas, y nuestra búsqueda de intimidad no es diferente.

Queremos intimidad. Necesitamos intimidad. Pero tenemos miedo. Tenemos un miedo desesperado de que si la gente realmente nos conociera, no nos amarían. Como resultado, nuestro miedo al rechazo y nuestra necesidad de intimidad están constantemente en conflicto.

La intimidad requiere que permitamos que otra persona descubra lo que nos mueve, lo que nos inspira, lo que nos impulsa, lo que nos devora, hacia dónde corremos, de qué huimos, qué enemigos silenciosos y autodestructivos yacen dentro de nosotros y qué sueños salvajes y maravillosos guardamos en nuestros corazones.

Ser verdaderamente íntimo con otra persona es compartir cada aspecto de uno mismo con esa persona. Tenemos que estar dispuestos a quitarnos las máscaras y bajar la guardia, a dejar de lado nuestras pretensiones y a compartir lo que nos está moldeando y lo que está dirigiendo nuestras vidas. Este es el regalo más grande que podemos darle a otro ser humano: permitirle simplemente vernos tal como somos, con nuestras fortalezas y debilidades, fallas, desperfectos, defectos, talentos, habilidades, logros y potencial.

La intimidad requiere que permitamos que otra persona entre en nuestro corazón, mente, cuerpo y alma. En su forma más pura, es un compartir completo y desenfrenado de uno mismo. No todas las relaciones son dignas de una intimidad tan completa, pero nuestra relación principal debería serlo.

¿Qué es la intimidad? Es el proceso de autorrevelación mutua que nos inspira a entregarnos completamente a otra persona en el misterio que llamamos amor.

Las relaciones se expanden en proporción directa a nuestra capacidad de revelarnos a la otra persona. Sin embargo, la mayoría de las personas se pasan la vida ocultando su verdadero yo y pretendiendo ser alguien que no son.

Hay maneras de tranquilizar a las personas para que se sientan cómodas participando en la autorrevelación que es la intimidad. Y con este fin, hay preguntas importantes que todos debemos considerar: ¿Proporcionamos un entorno sin prejuicios para que otros se revelen ante nosotros? ¿Afirmamos a quienes amamos felicitándolos y expresándoles gratitud, no solo por lo que hacen, sino por quiénes son? Cuando otros cometen errores, ¿nos apresuramos a juzgar, ridiculizar y chismear, o lo reconocemos como una experiencia de aprendizaje y parte de su trayectoria de vida? ¿Estamos dispuestos a dar el primer paso, haciéndonos vulnerables y revelando nuestro verdadero yo a los demás?

Nada satisface más a la persona humana que la intimidad. Crea un ambiente donde las personas se sientan seguras de ser ellas mismas y revelarse, y juntos beberás de los manantiales de la intimidad.

Vivimos en la era de la hipercomunicación. La revolución de las comunicaciones ha hecho que comunicarse sea más fácil que nunca y ha transformado la forma en que vivimos. Y, sin embargo, no ha aumentado nuestra capacidad o voluntad de comunicarnos de manera significativa. Nuestra comunicación es más superficial que nunca.

La razón por la que descuidamos la mayoría de nuestras necesidades legítimas es que requieren nuestros recursos más escasos:

iempo y energía. Las relaciones no son diferentes.

Las relaciones prosperan bajo una condición: atemporalidad sin preocupaciones. ¿Qué es la atemporalidad despreocupada? Es tiempo juntos sin fines personales ocultos.

El tiempo de calidad es ahora la fantasía desacreditada de una época que quería más de todo excepto las cosas que realmente importaban. No puedes programar tiempo de calidad con tu cónyuge o con tus hijos. Si deseas veinte minutos de tiempo de calidad con alguien, programa tres o cuatro horas con esa persona una tarde, y lo más probable es que, en algún momento a mitad de esas tres o cuatro horas, tengas tus veinte minutos de tiempo de calidad.

Vivimos vidas ocupadas en un mundo ocupado. Todo este ajetreo no favorece las relaciones dinámicas. Y es hora de que seamos honestos al respecto. Con demasiada frecuencia, el tiempo que reservamos para las relaciones está en los límites de nuestras ya ocupadas vidas, por lo que abordamos nuestras relaciones sin la energía que exigen para ser fructíferas y satisfactorias.

Las relaciones no prosperan bajo la presión de nuestras agendas agitadas. Todas las relaciones importantes de la vida prosperan bajo la condición de una atemporalidad despreocupada. O les regalaremos a nuestras relaciones este tipo de tiempo o no, pero sin una atemporalidad despreocupada nuestra capacidad para conocernos es prácticamente inexistente y las posibilidades de que una relación prospere se desploman.

¿Cómo te está hablando Dios a través de tus necesidades emocionales en este momento de tu vida?

Tus necesidades intelectuales

Tus necesidades intelectuales son quizás las más fáciles de ignorar. Tienes una necesidad legítima de alimentar tu mente, explorar tu curiosidad, ampliar tus conocimientos y agudizar tus capacidades intelectuales.

Las ideas dan forma a nuestras vidas. Las ideas dan forma a la historia. Todos necesitamos un flujo constante de ideas que nos inspiren, nos desafíen, iluminen nuestras mentes, nos enseñen sobre nosotros mismos y nuestro mundo, nos muestren lo que es posible y nos animen a convertirnos en todo lo que Dios nos creó para ser.

Necesitamos una dieta de la mente tanto como necesitamos una dieta del cuerpo.

Las ideas con las que alimentamos nuestra mente hoy tienden a formar nuestras vidas mañana.

Piénsalo de esta manera: nos convertimos en las historias que escuchamos. No importa si obtenemos esas historias de películas, música, televisión, periódicos, revistas, videojuegos, redes sociales, políticos, amigos o libros: las historias que escuchamos dan forma a nuestras vidas.

Si quieres entender cualquier período de la historia, simplemente haz dos preguntas: ¿Quiénes fueron los narradores? ¿Y qué historia contaban?

La historia está llena de narradores. Pero la calidad y el significado de sus historias varían mucho. Winston Churchill, Francisco de Asís, Carlomagno, Napoleón, Charlie Chaplin, Adolf Hitler, Bob Dylan, la Madre Teresa, Mahatma Gandhi, Abraham Lincoln, Marilyn Monroe, Nelson Mandela y Jesús contaron cada uno una historia.

Si deseas saber en qué se diferenciará una nación mañana de lo que era ayer, descubre en qué se diferencian las historias que esa nación escucha de las historias de ayer. Si descubres que las historias que escuchamos tienen menos significado, contienen más violencia y, en lugar de inspirarnos y elevar nuestros estándares, apelan cada vez más al mínimo común denominador, puedes estar seguro de que en el futuro nuestras vidas tendrán menos significado, contendrán más violencia y se centrarán más en el mínimo común denominador.

Nos convertimos en las historias que escuchamos. ¿Qué historias estás escuchando? ¿Quiénes son los narradores centrales de tu vida? ¿Qué historias estás permitiendo que formen la persona en quién te estás convirtiendo y la vida que estás viviendo?

Nuestras necesidades intelectuales nunca son urgentes, por lo que es fácil pasarlas por alto. ¿Cuándo fue la última vez que te dijiste: «Hoy necesito leer urgentemente un buen libro»? No sucede. ¿Por qué? Por un lado, nuestras necesidades intelectuales no son necesidades primarias. Si las descuidamos, no moriremos. Pero la vitalidad mental conduce a la vitalidad física, emocional y espiritual. Todo en nuestras vidas comienza como un pensamiento.

La razón por la que la gente descuida su desarrollo intelectual es que asocian los libros y el aprendizaje con la escuela y el trabajo. La mayoría de las personas tienen muy poco tiempo libre y no quieren dedicar ese tiempo a lo que perciben como «trabajo». Una de las grandes tragedias de los sistemas educativos modernos es que no logran inculcar el amor por el aprendizaje. Con demasiada frecuencia, el aprendizaje se considera solo un medio para alcanzar un fin. Es necesario aprobar un examen, obtener un título o conseguir un ascenso. El aprendizaje, como tantos otros aspectos de la vida moderna, ha sido violentamente desconectado de nuestro propósito esencial.

Algunos podrían argumentar que intelectualmente estamos más avanzados que nunca. Esto es indudablemente cierto, pero la naturaleza de nuestro conocimiento se ha vuelto cada vez más especializada. La tendencia es que nuestro conocimiento profesional, y en muchos casos nuestra formación, sea cada vez más específico. Una base de conocimiento más estrecha necesariamente crea una visión del mundo más estrecha.

Si a esto le sumamos el hecho de que la mayoría de las personas se sienten agotadas por las exigencias intelectuales que se les imponen en el lugar de trabajo, es fácil entender por qué a una gran proporción de personas les gusta arrojarse frente al televisor durante horas cada noche después de trabajar.

Cuando tenemos todo esto en cuenta, es fácil entender por qué la mayoría de las personas descuidan su legítima necesidad de estimulación intelectual personal.

Al mismo tiempo, descuidar nuestras fenomenales capacidades para pensar, razonar, decidir, imaginar y soñar es limitar enormemente nuestro potencial. Todos tenemos necesidades intelectuales. Nuestras necesidades intelectuales pueden variar significativamente de persona a persona, y si bien muchos participan en ocupaciones intelectualmente atractivas, todos necesitamos otros tipos de estimulación intelectual. De hecho, cuanto mayor sea nuestra estimulación intelectual profesional, mayor necesidad tendremos de otras formas de alimento intelectual para crear un equilibrio. Además, es muy poco probable que nuestro esfuerzo intelectual profesional se adapte a nuestras necesidades individuales en cada momento y lugar en la trayectoria de nuestra vida.

En la categoría de estimulación intelectual personal podríamos leer revistas sobre moda, jardinería, deportes, finanzas, música o cualquier otra área de interés. Nos entretendremos, pero no es probable que se nos desafíe a elevar nuestros estándares y convertirnos en la mejor versión de nosotros mismos. Para realmente esforzarnos, debemos profundizar en los escritos sapienciales. Las selecciones podrían incluir una variedad de textos filosóficos, los escritos de innumerables líderes espirituales pasados y presentes, y las Escrituras. Es en estos escritos donde el intelecto se enfrenta cara a cara con las preguntas y verdades más profundas sobre el mundo, la creación, Dios, la humanidad y las trayectorias de nuestras vidas individuales.

Nuestras necesidades intelectuales también son muchas y variadas. La mayoría de nosotros necesitamos un enfoque intelectual profesional. Todos necesitamos diferentes formas de estimulación intelectual entretenida. Pero es importante desafiarnos a nosotros mismos para ir más allá de estas zonas de confort intelectual y abrazar escritos que nos desafíen a reflexionar sobre las preguntas, verdades y misterios más profundos de nuestra existencia. Como observó Mark Twain: «El hombre que no lee buenos libros no tiene ninguna ventaja sobre el que no sabe leerlos».

Los libros cambian nuestras vidas. Lo creo con todo mi corazón. Me gusta preguntarle a la gente sobre el mayor período de transformación de sus vidas. Me dicen que fue hace cinco o siete años, me dicen que fue cuando les dio cáncer o perdieron el trabajo, me dicen que fue en el pueblo donde crecieron o en una ciudad donde no conocían a nadie. Me gusta preguntarles a continuación: «¿Qué estabas leyendo en ese momento?» Nueve de cada diez veces, se les iluminan los ojos y dicen: «Estaba leyendo y ese libro cambió mi vida».

Tengo varios miles de libros pero en un estante de una de las dos estanterías de mi estudio donde escribo, a la altura de los ojos, tengo treinta y siete libros. Cada uno de esos libros ha tenido un enorme impacto en mi vida.

Puedo decirte dónde los compré, en qué ciudad del mundo estaba cuando los leí y cuáles eran las circunstancias y situaciones de mi vida en ese momento. Hay libros sobre filosofía, teología, psicología, negocios, desarrollo personal e historia. Hay algunas novelas y biografías increíbles, y allí, en ese estante, encontrarás algunos de los más grandes clásicos espirituales e inspiradores de todos los tiempos. Es, en cierto sentido, mi propia colección de grandes libros.

De vez en cuando, cuando me siento desanimado, confundido, solo, temeroso o simplemente empiezo a dudar de mi vida y de mí mismo, voy a esa estantería, miro esa fila de libros y uno de esos libros me llama, lo tomo del estante y redescubro la inspiración que primero le valió un lugar en el estante superior.

Nuestros cuerpos necesitan ejercicio regular y una dieta equilibrada, al igual que nuestra mente. Tienes una necesidad legítima de nutrir tu mente. Si eliges la dieta adecuada para la mente, tu vida estará dirigida por ideas de excelencia y grandeza. Si permites que los medios de comunicación y la cultura secular seleccionen tu dieta intelectual, tu vida estará formada por la distracción y la mediocridad.

Los libros cambian nuestras vidas. Comienza tu propia colección de grandes libros.

Elige libros que te ayuden a lograr tu propósito esencial y te conviertan en la mejor versión de ti mismo. Haz de la lectura diaria uno de los hábitos definitorios de tu vida.

Tienes necesidades intelectuales. Dios te las dio y te habla a través de ellas. ¿Qué te está diciendo Dios a través de tus necesidades intelectuales en este momento de tu vida?

Tus necesidades espirituales

Tus necesidades espirituales son la quietud, el silencio, la soledad, la sencillez, la Escrituras y los Sacramentos. Aunque tus necesidades espirituales son asombrosamente importantes, se ignoran fácilmente y los resultados de hacerlo no parecen tener impacto hasta mucho después de que comenzamos a ignorarlas. Pero el impacto negativo sobre nuestra capacidad de prosperar es enorme e inmediato.

Solo aquí, en el área de la espiritualidad, llegamos a comprender plenamente nuestras otras necesidades legítimas (físicas, emocionales e intelectuales) y obtenemos la comprensión necesaria para vivir una vida que enriquezca, sostenga y proteja nuestro bienestar en cada una de estas áreas.

El silencio

El ruido del mundo nos impide escuchar la suave voz interior que siempre nos aconseja acoger la mejor versión de nosotros mismos. Empezaremos a escuchar esta voz nuevamente solo cuando nos acostumbremos a retirarnos del ruido del mundo y nos sumerjamos en el silencio. No necesitamos pasar horas en silencio cada día, pero nada da prioridad a nuestros días como un período de silencio cada mañana.

La vida cotidiana plantea preguntas. Todos tenemos la necesidad de buscar en nuestro corazón respuestas a esas preguntas. Cada día nos enfrentamos a una infinidad de opciones y oportunidades. Necesitamos tiempo lejos de todas las demás voces para discernir cuáles de estas opciones y oportunidades nos permitirán convertirnos en la mejor versión de nosotros mismos y cuáles son meras distracciones. Según mi experiencia, estos ejercicios se realizan con mayor eficacia solo, en la preciosa soledad del aula de silencio.

Es también en el silencio y la soledad donde se nos propone el desafío por excelencia de la vida. El hermano Silencio y la hermana Soledad revelan la persona que somos hoy con todas nuestras fortalezas y debilidades, pero también nos recuerdan la mejor persona que sabemos que podemos ser.

En el silencio vemos al mismo tiempo la persona que somos ahora y la persona que somos capaces de llegar a ser. Ver estas dos visiones al mismo tiempo automáticamente nos desafía a cambiar y crecer. Es precisamente por eso que llenamos nuestra vida de ruido, para distraernos del desafío del cambio.

El silencio ha sido un gran amigo para hombres y mujeres extraordinarios de todas las épocas. Muchas de las grandes lecciones de la vida sólo se pueden aprender en el aula del silencio, especialmente aquellas que nos enseñan acerca de nuestros talentos individuales y cómo podemos usarlos para cumplir nuestro destino.

Los pueblos más sabios de todas las culturas bajo el sol han buscado el consejo del silencio durante milenios.

Pitágoras, el filósofo y matemático griego (580–500 a. C.) escribió: «Aprendan a guardar silencio [...]. Deja que tu mente tranquila escuche y absorba».

Al escribir sobre la importancia del silencio y la soledad, Blaise Pascal, filósofo, científico, matemático y escritor francés del siglo XVII, escribió: «Todas las miserias del hombre se derivan de no poder sentarse en silencio y solo en una habitación».

Franz Kafka, el novelista, filósofo y poeta checo, escribió: «No es necesario que salgas de tu habitación. Permanece sentado en tu mesa y escucha . Ni siquiera necesitas escuchar, simplemente espera. Ni siquiera necesitas esperar, simplemente aprende a volverte tranquilo, quieto y solitario. El mundo se te ofrecerá libremente para ser desenmascarado. No tiene elección; rodará extasiado a tus pies».

Aprende a estar callado. Aprende a estar quieto. En este silencio Dios siempre habla.

La simplicidad

Llegamos ahora a la necesidad espiritual de la simplicidad. La simplicidad es uno de los principios rectores del universo; sin embargo, con cada siglo que pasa, la humanidad busca una mayor complejidad para resolver sus problemas y mejorar su vida.

¿Quién de nosotros necesita un poco más de complejidad en sus vidas? ¡Ninguno! Lo que nuestras vidas necesitan desesperadamente es la liberación de la simplicidad.

Si aprendemos una vez más a escuchar la suave voz interior, la escucharemos aconsejándonos muchas veces al día que simplifiquemos nuestras vidas. Cuando las voces del mundo proponen las múltiples complejidades de la vida moderna, la suave voz interior susurrará: ¿Por qué complicarte la vida? Con el tiempo aprenderemos a dar la espalda a multitudes de oportunidades para preservar en nuestro corazón la paz que nace de la bendita simplicidad que el mundo desprecia.

Simplifica. Y simplifica de nuevo. Simplifica tu vida y encontrarás la paz interior que los poetas y santos de todas las épocas han codiciado más que cualquier posesión.

Silencio. Soledad. Simplicidad. ¡Tres grandes amigos! Pueden ser las más sutiles de nuestras necesidades legítimas, pero cuando se cumplen, nuestro espíritu se eleva a alturas inimaginables y solo nos queda preguntarnos cómo o por qué seguimos los impulsos de todas las voces burlonas de este mundo.

Las Escrituras

La quietud, el silencio, la soledad y la sencillez son disciplinas que nos permiten participar y beneficiarnos plenamente de las Escrituras y los Sacramentos. Si la Biblia es la palabra inspirada de Dios, ¿por qué crees que tan pocas personas la leen con regularidad y la estudian con atención? Porque tiene el poder de transformar nuestras vidas. En serio. Eso no es un error tipográfico.

Dios quiere transformarte a ti y a tu vida. Con demasiada frecuencia, cuando oramos, lo hacemos por cambios. Queremos que Dios modifique algún aspecto de nuestras vidas. Pero a Dios no le interesa modificar. Dios no se dedica a modificar; Dios está en el negocio de la transformación. Quiere poner tu vida patas arriba, que, como resulta, está al revés. Quiere transformar la forma en que piensas sobre ti mismo, quiere transformar la forma en que piensas sobre las relaciones, quiere transformar la forma en que piensas sobre el dinero y tu carrera, y quiere transformar la forma en que piensas sobre el mundo y la cultura.

Si quieres ver algo increíble, milagros personales, comienza a leer un capítulo de la Biblia cada día y a orar por una transformación. Comienza con el Nuevo Testamento. Pídele a Dios que te transforme a ti y a tu vida. Ora por la transformación. La mayoría de la gente nunca ha hecho una oración de transformación.

Oremos uno juntos, ahora mismo:

Padre amoroso, hoy te invito a mi vida y me pongo a tu disposición. Ayúdame a convertirme en la mejor versión de mí mismo buscando tu voluntad y convirtiéndome en un ejemplo vivo de tu amor en el mundo. Abre mi corazón a las áreas de mi vida que necesitan cambiar para poder llevar a cabo la misión y experimentar la alegría que has imaginado para mi vida. Inspírame a vivir la fe católica de maneras dinámicas y atractivas. Muéstrame cómo involucrarme mejor en la vida de mi parroquia. Haz que nuestra comunidad tenga hambre de mejores prácticas y aprendizaje continuo. Dame valor cuando tengo miedo, esperanza cuando estoy desanimado y claridad en los momentos de decisión. Enséñame a disfrutar de la incertidumbre y a llevar a tu Iglesia a ser todo lo que imaginaste que sería para la gente de nuestros tiempos. Amén.

La verdad es que tu felicidad depende de descubrir la voluntad de Dios para tu vida, y la Biblia es un regalo invaluable para discernir la voluntad de Dios. Las Escrituras son una de las formas más directas que tiene Dios de hablarles a nuestras vidas. Pero con demasiada frecuencia no estamos interesados en descubrir la voluntad de Dios. Generalmente estamos más interesados en «hágase mi voluntad» que en «hágase la tuya». Piénsalo: ¿Cuándo fue la última vez que buscaste activamente la voluntad de Dios en una situación?

La Biblia nos ayuda a guiarnos hacia el misterioso y fabuloso plan de Dios para nuestras vidas, y eso siempre es transformador. Este no es simplemente otro libro. Si nunca has encontrado verdaderamente a Jesús en las Escrituras, ahora es tu momento.

Los sacramentos

Jesús nos dio los Sacramentos para alimentar nuestras almas y transformarnos espiritualmente. Los siete sacramentos están profundamente arraigados en las Escrituras y, a través de ellas, recibimos la gracia necesaria para vivir de la manera que Dios nos invita a vivir: con generosidad y bondad, con paciencia y humildad, y con un amor que nos distingue.

Los Sacramentos son el centro de la vida de la Iglesia. Y si bien los Sacramentos están rodeados de profundos rituales, es importante no olvidar lo que son en esencia: un encuentro con Jesucristo.

Es difícil exagerar el papel vital de los Sacramentos en nuestro caminar con Dios. El Catecismo de la Iglesia Católica señala que «Los siete sacramentos corresponden a todas las etapas y todos los momentos importantes de la vida del cristiano: dan nacimiento y crecimiento, curación y misión a la vida de fe de los cristianos. Hay aquí una cierta semejanza entre las etapas de la vida natural y las etapas de la vida espiritual» (CIC 1210).

En cierto sentido, los Sacramentos son el plan sistemático de Dios para satisfacer todas nuestras necesidades espirituales. En el Bautismo, nos adopta y nos da una familia eterna. En la Confesión ofrece el bálsamo del perdón. En la Eucaristía, él alimenta nuestras almas y nos invita a un profundo silencio y quietud. En la Confirmación, él nos fortalece para la misión y una vida con propósito. En La Unción de los Enfermos ofrece curación, tanto física como espiritual, en momentos de prueba. En el Matrimonio, une al hombre y a la mujer en un vínculo de amor inseparable y de autorrevelación. En el Orden sacerdotal, llama a hombres específicos a una vida de servicio y sacrificio.

Puesto que estás leyendo este libro y has llegado hasta aquí, me siento seguro al asumir que realmente deseas escuchar la voz de Dios en tu vida. Si ese es el caso, ¿qué tontería sería no abrazar la palabra inspirada de Dios en las Escrituras y los encuentros con Jesús ofrecidos en cada uno de los Sacramentos?

Los Sacramentos son una fuente profunda de gracia ilimitada; derraman una gracia increíble en nuestras vidas de una manera directa y poderosa. Acéptenlos con una urgencia nueva y radical. Acepta estos dones divinos. Aprécialos.

Cuando atendemos nuestras legítimas necesidades espirituales, todo lo demás parece ponerse en perspectiva. Solo entonces podremos dejar atrás el pasado, esperar pacientemente el futuro y vivir con una intensa pasión por la vida en la alegría del aquí y ahora. Nos sentimos saludables. Nos sentimos más plenamente vivos. Nuestras vidas se llenan de vitalidad y la vida se convierte en una aventura emocionante en lugar de la monotonía del día a día de contar los minutos.

La satisfacción de nuestras legítimas necesidades espirituales nos lleva a colocar nuestro propósito esencial en el centro de nuestra vida diaria. Cuando el silencio, la soledad y la simplicidad se vuelven parte del tejido de nuestras vidas, somos mucho menos propensos a descuidar nuestras otras necesidades legítimas. Solo con el enfoque, la perspectiva y la vitalidad que nacen de las disciplinas espirituales aprenderemos a transformar cada momento y experiencia de nuestras vidas en oportunidades para convertirnos en la mejor versión de nosotros mismos. La espiritualidad aporta claridad, dirección, continuidad e integridad a nuestras vidas.

¿Cómo has estado atendiendo tus necesidades espirituales? ¿Cómo has estado descuidando tus necesidades espirituales? ¿Cómo crees que Dios te está hablando a través de tus necesidades espirituales durante esta etapa de tu vida?

Cuando miras los cuatro aspectos de la persona humana (físico, emocional, intelectual, espiritual) queda claro: todos tenemos necesidades. Necesitamos aire para respirar, agua para beber y comida para comer. Necesitamos amar y ser amados. Necesitamos aceptar y apreciar a los demás y ser aceptados y apreciados por los demás. Necesitamos aprender, cambiar y crecer. Necesitamos recordar quiénes somos realmente y qué es lo más importante. Nosotros *necesitamos.*

Así es como Dios nos hizo como seres humanos. Nos ha dado nuestras necesidades legítimas como mapa hacia la felicidad. Esto es asombrosamente claro. La pregunta es: ¿Qué nos impide alcanzar la felicidad para la que fuimos creados?

LA PARADOJA DE LA FELICIDAD

Pretendemos que la felicidad humana es un vasto misterio. No lo es. Fingimos estar desconcertados por el proceso que conduce a la felicidad. No es nada desconcertante. Complicamos la búsqueda de la felicidad como lo hacemos con la mayoría de las cosas. El problema es que nos hemos confundido acerca de lo que creemos que nos hará felices. ¿Qué representa la felicidad para ti?

El corazón humano está en busca de la felicidad. Todo el mundo quiere ser feliz. Tú quieres ser feliz y yo quiero ser feliz. La persona humana tiene una sed natural de felicidad y hacemos las cosas que hacemos porque creemos que nos harán felices.

De vez en cuando, la gente hace cosas estúpidas. Podemos mirarlos, rascarnos la cabeza y preguntarnos: «¿Por qué alguien haría algo tan estúpido?» O podemos pensar: «¿No saben que eso los hará sentir miserables?» Lo fascinante es esto: la razón por la que la gente hace cosas estúpidas es porque creen erróneamente que esas cosas estúpidas los harán felices.

La gente no se despierta por la mañana y se pregunta: «¿Qué puedo hacer para sentirme miserable hoy?» Hacemos las cosas que hacemos creyendo que nos harán felices.

Ésta es la gran paradoja moderna: conocemos las cosas que nos hacen felices; simplemente no las hacemos.

Consideremos esto también en el contexto de los cuatro aspectos de la persona humana: físico, emocional, intelectual y espiritual.

Físicamente, cuando haces ejercicio con regularidad, duermes con regularidad, comes el tipo adecuado de alimentos y equilibras tu dieta, ¿cómo te sientes? Te sientes fantástico. Te sientes más plenamente vivo. Estás más saludable, más feliz y tienes una experiencia de vida más rica y abundante.

Emocionalmente, cuando te enfocas en tus relaciones y les das prioridad, ¿qué sucede? Cambias la atención de ti mismo y de los demás. A medida que lo haces, tu capacidad de amar aumenta y a medida que aumenta tu capacidad de amar, tu capacidad de ser amado aumenta. Te vuelves más consciente de ti mismo, desarrollas una visión más equilibrada de la vida y experimentas una sensación más profunda de plenitud. Estás más saludable. Eres más feliz.

Intelectualmente, cuando te tomas diez o quince minutos al día para leer un buen libro, ¿qué pasa? Tu visión de ti mismo se expande; tu visión del mundo se expande. Te vuelves más concentrado, más alerta y más vibrante. La claridad reemplaza la confusión. Te sientes más vivo y eres más feliz.

Finalmente, espiritualmente, cuando te tomas unos momentos cada día para entrar en el aula del silencio y reconectarte contigo mismo y con tu Dios, ¿qué sucede? La suave voz interior se hace más fuerte y desarrollas una sensación más profunda de paz, propósito y dirección.

Estás más sano, eres más feliz y tienes una experiencia de vida más rica.

Física, emocional, intelectual y espiritualmente, conocemos las cosas que infunden pasión y entusiasmo en nuestras vidas. Conocemos las cosas que nos hacen felices. Simplemente no los hacemos.

No tiene sentido, y esa es la paradoja de la felicidad.

Tienes necesidades. Las necesidades son inherentes al ser humano Conocer íntimamente tus necesidades es esencial para el florecimiento humano. Prosperas cuando se satisface una buena sección transversal de tus necesidades. Ahí es cuando estás más plenamente vivo. Entonces es cuando la alegría explota en tu alma.

Pero es importante tener en cuenta la frase «una buena sección transversal». No estamos hablando de tener todas nuestras necesidades cubiertas en todo momento. Eso no es realista. Solo hay un lugar donde se pueden satisfacer todas tus necesidades, y solo hay una persona que puede satisfacer todas tus necesidades. Dios en el cielo. Este es un punto crítico en nuestra discusión. Nadie puede satisfacer completamente todas tus necesidades en este mundo desordenado e imperfecto. Y si lo intentamos, nos volveremos intolerablemente egoístas, obsesionándonos constantemente con nuestras necesidades insatisfechas. Y nada te hará más miserable que obsesionarte contigo mismo. Cuanto más pienso en mí mismo, más infeliz me vuelvo. Sospecho que descubrirás que lo mismo te ocurre a ti.

Sabemos las cosas que nos hacen felices. Son sencillas y pocas. Ahora, busquemos entender por qué las pasamos por alto.

CONSEGUIR LO QUE QUIERES NO TE HACE FELIZ

La razón por la que pasamos por alto las cosas simples que realmente nos hacen felices es que nos distraemos y fascinamos con mucha facilidad con las cosas resplandecientes. Y luego perseguimos estas cosas resplandecientes de poco valor y menos sustancia.

Vivimos en una cultura que no está interesada en las necesidades. Vivimos en una cultura obsesionada con los deseos. Descuidamos nuestras necesidades porque la cultura proclama con audacia y confianza: «El significado de la vida es conseguir lo que quieres, y cuanto más obtengas lo que quieres, más feliz serás».

Anhelamos el significado y ansiamos la felicidad, por lo que caemos en este engaño con preocupante facilidad. Aunque cada uno de nosotros sepa, a su manera por experiencia personal, que no es cierto.

Conseguir lo que quieres no te hace feliz. Tú lo sabes. ¿Cómo sé que lo sabes? Has probado esta teoría muchas veces. Todos lo hemos hecho.

Has deseado cosas en tu vida con un deseo febril. Te has obsesionado con el objeto de tu deseo. No siempre obtienes lo que deseas, pero ha habido suficientes casos en los que obtuviste lo que querías como para saber que obtener lo que deseas no te hace feliz.

Quizás fue una bicicleta cuando eras niño o un coche cuando eras adulto. Tal vez fue un trato, el trabajo soñado, el proyecto, la casa, la chica, el chico, el bolso, el reloj o las vacaciones. Sea lo que sea, no funcionó. Puede que te haya proporcionado una distracción encantadora y un placer momentáneo, pero no te ha aportado una felicidad duradera. Lo que sea que te trajo se desvaneció con el tiempo y moviste el foco de tu deseo hacia otra cosa.

Hay una razón por la que no funcionó. Fuiste creado maravillosamente para que las cosas triviales no te satisficieran. Imagínate si un viaje al centro comercial pudiera satisfacerle absoluta y completamente. Sería bastante triste, ¿verdad? ¿Por qué? Porque significaría que estás hecho para nada más que un viaje al centro comercial. La satisfacción cada vez menor de estas cosas es una prueba de que fuiste hecho para algo más grande. La menguante satisfacción proporciona pistas para seguir buscando.

Ha habido muchas ocasiones en las que obtuviste lo que querías y no te trajo la felicidad que pensabas. Probablemente te trajo un poco de felicidad por un tiempo. Pero eso no es lo que quieres. Quieres una felicidad duradera en este mundo cambiante. ¿Entonces qué hiciste? Empezaste a perseguir algo más. El proceso se repite. Muchos de nosotros hemos estado cometiendo el mismo error, una y otra vez, durante todas nuestras vidas.

Conseguir lo que quieres no te hace feliz. La razón es simple y profunda: nunca puedes obtener suficiente de lo que realmente no necesitas. Es imposible. No es difícil. Es imposible. Solo puedes obtener suficiente de lo que legítimamente necesitas.

Para satisfacer nuestro deseo de felicidad es fundamental comprender los orígenes de este deseo. Nuestro deseo común de felicidad no es una coincidencia. Fuimos creados para la felicidad.

Hay un hermoso pasaje en el Catecismo de la Iglesia Católica. Son las primeras líneas del capítulo uno, y te animo a que en algún momento las lleves a tu oración y medites profundamente en este puñado de líneas, frase por frase, palabra por palabra.

«El deseo de Dios está inscrito en el corazón del hombre, porque el hombre ha sido creado por Dios y para Dios; y Dios no cesa de atraer al hombre hacia sí, y sólo en Dios encontrará el hombre la verdad y la dicha que no cesa de buscar:

«La razón más alta de la dignidad humana consiste en la vocación del hombre a la comunión con Dios. El hombre es invitado al diálogo con Dios desde su nacimiento; pues no existe sino porque, creado por Dios por amor, es conservado siempre por amor; y no vive plenamente según la verdad si no reconoce libremente aquel amor y se entrega a su Creador»» (CIC 27).

Todos buscamos la verdad y la felicidad. Hombres y mujeres de todas las religiones, y aquellos que no tienen fe, hacen la misma afirmación. Corremos de aquí para allá, ocupándonos hasta el punto de la miseria en busca de la felicidad, pero solo en Dios encontraremos la verdad y la felicidad que nunca dejamos de buscar.

Es profundamente simple e inquietantemente cierto que la mayoría de los problemas del mundo son causados por nuestra confusión sobre lo que nos hará felices. ¿Qué crees que te hará feliz? Examina tu respuesta en busca de autoengaño. Tus motivos son una poderosa ventana de autodescubrimiento.

Dios te creó para que fueras razonablemente feliz en esta vida y completamente feliz en la próxima. Pero la cultura te dice que el camino hacia la felicidad es conseguir lo que quieres y ahí es donde la vida de la mayoría de las personas se desvía del camino de la felicidad y la satisfacción razonables. Cuando priorizamos nuestros deseos sobre lo que necesitamos, comenzamos a perseguir las cosas equivocadas.

Es más probable que nuestra felicidad provenga de necesidades satisfechas que de deseos satisfechos. Pero eso no significa que las necesidades sean buenas y los deseos malos. Dios nos dio ambos y nos habla a través de ambos. Simplemente significa que las necesidades son primarias y los deseos secundarios.

DIOS AMA EL ORDEN

Dios ama la claridad y el orden. Él siempre está tratando de llevarnos del caos al orden y de la confusión a la claridad. Más allá del caos y la confusión que a menudo caracterizan nuestro mundo y nuestras vidas, encontramos paz. Hablamos de paz en el mundo, pero rara vez de paz interior. No habrá paz en el mundo hasta que haya paz en nuestros corazones. Lo hermoso es que puedes hacer algo por la paz interior. No el mes que viene ni el año que viene, sino hoy.

Respira profundamente, cierra los ojos y reflexiona sobre estas preguntas: ¿Reina hoy dentro de ti el caos o el orden? ¿Estás hoy en un lugar de claridad o confusión?

Si tiene dificultades para concentrarse en las preguntas, inténtelo de esta manera: ¿Qué palabra describe mejor su vida interior hoy: caos u orden? ¿Qué palabra describe mejor cómo te sientes acerca de la dirección de tu vida hoy: claridad o confusión?

Estas pueden ser preguntas aterradoras. Pero consideremos algo aún más aterrador y trágico: la mayoría de la gente ni siquiera se detiene a considerar estas preguntas. Hemos descuidado la vida interior durante tanto tiempo que parece desalentadora y abrumadora. Por eso seguimos suscribiéndonos al ruido constante, la distracción y la actividad que la cultura ofrece sin cesar. Una mirada a su vida interior y muchas personas se sienten avergonzadas. Pero si podemos ir más allá de esa vergüenza, muchos de nosotros descubriremos que nunca nos han enseñado cómo establecer una vida interior vibrante. No es tu culpa. Pero comencemos a hacer algo al respecto hoy.

Si deseas establecer una vida interior vibrante, definida por la claridad y el orden, Dios es tu mejor amigo en este esfuerzo. Simplemente permítele que hable en tu vida.

El caos del mundo demuestra cuán lejos se ha alejado la humanidad de Dios. La confusión que a menudo experimentamos al tomar decisiones demuestra cuán desconectados estamos de la voz de Dios en nuestras propias vidas.

Pero Dios está listo para cambiar eso cuando tú lo estés.

Déjame darte un ejemplo práctico. Vas a la iglesia el domingo. El sacerdote o diácono lee el Evangelio. La mayoría de la gente no está escuchando. Pero si escuchas, Dios te hablará.

Lo escucharás tratando de reorganizar tus prioridades. Eso es lo que escucho. Lo escucharás cuestionar suavemente lo que está en el centro de tu vida. Lo escucharás retándote a reconsiderar cómo tratas a las personas más importantes de tu vida.

Dios ama la claridad y el orden, y la paz y el gozo que vienen con la claridad y el orden. Pero el mundo está lleno de caos y confusión. Una forma de evaluar el caos o el orden en tu corazón es considerar cómo priorizas tus necesidades y deseos. Las necesidades son primarias; los deseos son secundarios. Cuando estos se desordenan en nuestros corazones, el caos y la confusión rápidamente comienzan a reinar en cada área de nuestras vidas.

Hemos establecido que tenemos necesidades legítimas, que estas necesidades son dadas por Dios y que brindan pistas sobre cómo vivir la vida al máximo. Es hora de adoptar esta sabiduría.

Nuestras prioridades están lejos de descomponerse y desalinearse. ¿Están tus prioridades alineadas con el éxito mundano o la gloria celestial? ¿Vives con justicia, amas con ternura y caminas humildemente con tu Dios? ¿O te has colocado en el centro del universo?

Si tu vida es una locura, es probable que algo no esté alineado. Si esa es tu vida, tienes que tomar una decisión: ¿Es así como quieres seguir viviendo tu vida o estás listo para hacer un cambio?

Puede parecer abrumador o incluso imposible. Pero no lo es. Puedes hacer un cambio significativo hoy. ¿Cómo? Empieza a priorizar tus necesidades en lugar de tus deseos.

Empieza a priorizar tus necesidades en lugar de sus deseos. Te sorprenderá cómo este simple cambio interior puede tener un impacto enorme en tu vida.

Los deseos no son malos, pero son secundarios. Está bien querer cosas. Dios te dio la capacidad de querer y nuestro Dios siempre actúa con propósito. Entonces, si Dios te dio la capacidad de querer, te la dio por una razón. El deseo es la tercera voz y la exploraremos en breve.

Las necesidades son primarias; los deseos son secundarios. Mantén presente esta verdad esencial a lo largo de tu día mientras tomas decisiones; permite que te guíe e introduzca la claridad y el orden que Dios ama en cada rincón de tu vida.

DIOS QUIERE QUE SIRVAS PODEROSAMENTE

«¡Centrarse en tus necesidades es egoísta!» Cada vez que he hablado sobre este tema, alguien se me ha acercado después de mi presentación para exponer este argumento. ¿Centrarnos en nuestras necesidades es egoísta? Tal vez. Todo depende de tu respuesta a esta pregunta: ¿Por qué?

Nadie acusa a nadie de ser egoísta por respirar. Imagina que alguien te dijera: «Eres tan egoísta y molesto. Cada vez que te veo, estás respirando. Lo haces todo el tiempo. Una y otra vez, incesantemente. Estás constantemente respirando, respirando, respirando. Es egoísta y anticristiano».

Esto es una locura, ¿verdad?

El propósito es la clave para entender cualquier cosa. ¿Por qué Dios quiere que atiendas tus necesidades legítimas? ¿Quiere que te vuelvas completamente egocéntrico, interesado y obsesionado contigo mismo? No. Dios quiere que te ocupes de tus necesidades legítimas por razones muy específicas.

La primera es esta: Dios quiere que prosperes tal como cualquier buen padre querría que sus hijos prosperaran.

La segunda razón es esta: Dios quiere que le sirvas poderosamente. Él quiere que le sirvas poderosamente y durante mucho tiempo, y no puedes hacerlo si no atiendes tus necesidades legítimas.

Hay una razón por la que los asistentes de vuelo le indican que te pongas primero la máscara de oxígeno si la cabina del avión pierde presión. Es una razón simple y hermosa: no hay límite para la cantidad de personas a las que puedes ayudar una vez que tienes tu propia máscara de oxígeno. Dios te invita a atender tus necesidades legítimas por la misma razón.

No hay límite para la cantidad de otras personas a las que puedes servir si atiendes tus propias necesidades legítimas.

¿Qué pasa si no te pones la máscara de oxígeno primero? Te desmayas antes de poder ayudar a una sola persona.

Dios quiere que sirvas poderosamente. No como una estrella fugaz, sino con la resistencia y consistencia del sol.

Y esta es la tercera razón: Dios quiere que sirvas con alegría. Es feo servir sin alegría. Todos lo hemos visto y el servicio sin alegría es feo.

La alegría se evapora rápidamente de nuestras vidas cuando descuidamos nuestras necesidades legítimas. Intenta pasar un par de noches sin dormir y observa qué rápido se evapora tu alegría. Es difícil servir a las personas con alegría cuando no se satisfacen las propias necesidades.

Es hora de reubicar tu alegría. ¿Cómo? Honrando tus necesidades legítimas. Te sorprenderá cómo restablecer gradualmente tus necesidades como prioridad inundará de alegría tu corazón, mente, cuerpo y alma.

Dios quiere que sirvas poderosamente. Quiere que sirvas durante mucho tiempo. Y Dios quiere servirte con alegría. No puedes hacer nada de esto si no le das a tus necesidades legítimas el lugar que les corresponde en tus rutinas y rituales diarios.

La primera voz común que Dios usa para hablarnos todos los días de nuestras vidas es la voz de la necesidad.

CAPÍTULO TRES: LA SEGUNDA VOZ: EL TALENTO

LOS DOS CAMINOS

Dos caminos divergen en la vida de cada persona, pero no es un momento épico de decisión como a muchos lectores del poema de Robert Frost les gustaría creer. Son cientos de decisiones cada día: qué pensar, qué decir, qué hacer, a quién escuchar, a quién ignorar. Hay dos caminos para elegir en la vida: vivir tu vida de adentro hacia afuera o vivir tu vida de afuera hacia adentro.

El primer camino, vivir de adentro hacia afuera, conduce a la paz interior, a un fuerte sentido de uno mismo basado en la validación interna, una vida sustancial, autenticidad, una vida integrada, crecimiento continuo, dirección clara y un profundo sentido de propósito y cumplimiento.

El otro camino —vivir desde afuera hacia adentro— conduce a inquietudes, profundas inseguridades personales basadas en una necesidad malsana de validación externa, una vida superficial de simulación, potencial desperdiciado, una vida que carece de dirección regida por la distracción y el siguiente cosa resplandeciente, una sensación desgarradora de que estás desperdiciando tu vida y una profunda sensación de insuficiencia.

Hay dos caminos y cada uno de nosotros puede elegir. No una, sino decenas de veces al día.

Algunos de ustedes pueden estar pensando que ya han avanzado demasiado en el segundo camino. Es posible que te sientas deprimido o encaminado hacia a la desesperación al descubrirlo. No hagas eso. Nuestro Dios es un Dios de segundas oportunidades. Él es un Dios de nuevos comienzos. Él es un Dios que cree tan profundamente en la redención que envió a su único Hijo a morir en una cruz por ti. Levantate a ti mismo. Cambia de camino. Ahora. Deja que tu primer paso sea una breve oración pidiendo una segunda, tercera y quincuagésima séptima oportunidad. Una oración sincera pidiendo un nuevo comienzo. Deja que tu segundo paso sea seguir leyendo este libro.

La palabra «educación» proviene del latín educare, que significa sacar. Este es el objetivo de los excelentes educadores y experiencias educativas, impulsados por la creencia de que hay algo único y maravilloso dentro de cada uno de nosotros que vale la pena extraer y compartir con el mundo. Por supuesto, este es un enfoque de adentro hacia afuera.

La educación moderna ha cambiado hacia un enfoque de afuera hacia adentro que se centra más en enseñar a los estudiantes qué pensar en vez de cómo pensar. Este enfoque de imponer ideas y habilidades a un estudiante, en lugar de utilizar a los grandes pensadores de cada época y conversaciones vibrantes para extraer lo mejor de cada estudiante, está impulsado por motivos equivocados. Es importante señalar que esto es extremadamente inquietante para muchos docentes, que ven lo que está sucediendo, pero se sienten limitados por el sistema.

Nuestros primeros educadores son nuestros padres. Muchos padres adoptan el enfoque de afuera hacia adentro con sus hijos porque simplemente no conocen nada mejor. Transmiten lo que les enseñaron sus propios padres y otros líderes en sus vidas.

Dios es el Padre supremo y está plenamente comprometido con el enfoque de adentro hacia afuera. Él nos creó a cada uno de nosotros a propósito y con un propósito. Él espera con paciencia y amor que surja el individuo único y que acepte su misión en la vida. Y él nos espera a ti y a mí. Pero no pasivamente. A lo largo del camino, Dios nos habla, nos guía, nos corrige, nos disciplina, nos enseña y nos anima. Él nos habla.

Escuché a alguien decir recientemente: «Dios le habla al mundo».

No estoy seguro de que eso sea cierto. Creo que Dios le habla a la gente. Nuestro Dios es un Dios profundamente personal. Lo he dicho antes, pero me veo obligado a repetirlo: transformar a las personas una a la vez está en el corazón del plan de Dios para el mundo.

Uno a la vez . De adentro hacia afuera. Pacientemente. Así es como Dios busca cambiar el mundo. A través de ti y de mí, y de otros como nosotros, uno a la vez. Y nos habla personalmente, individualmente, para conducirnos al destino que él imaginó para nosotros desde el principio de los tiempos.

Vivir de adentro hacia afuera versus afuera hacia adentro es una dicotomía fundamental que da forma a nuestras vidas. Destaca el contraste entre vivir una vida auténtica guiada por lo que es bueno, verdadero, bello y justo, en una búsqueda de carácter y virtud, y vivir una vida superficial impulsada por un deseo de validación externa, éxito material y estatus social.

Vivir desde afuera hacia adentro conduce a una profunda desilusión y vacío. Vivir de adentro hacia afuera lleva a la persona a poder decir y creer, porque lo sabe en lo más profundo de su alma: «Soy suficiente».

Cuando vivimos de afuera hacia adentro, muchas veces sentimos que no somos suficientes. Incluso las personas que tienen un tremendo éxito desde una perspectiva mundana, si viven de afuera hacia adentro, a menudo experimentan una profunda insatisfacción con sus vidas y una angustia existencial persistente.

Esta suficiencia, o falta de ella, es un simple indicador de dónde nos encontramos en relación con Dios. El amor de Dios no es performativo. No tenemos que hacer nada para recibir su amor. Él nos ama pase lo que pase. Entonces, cada vez que pensamos que somos menos que suficientes, es una clara indicación de que estamos escuchando voces distintas a la suya. El Padre supremo, el creador de todas las cosas, incluyéndote a ti, nunca haría creer a un hijo o hija suyo que él o ella no es suficiente.

La elección entre vivir una vida de afuera hacia adentro o de adentro hacia afuera es fácil en teoría una vez que se ha explicado adecuadamente. Sin embargo, es importante reconocer y lamentar el hecho de que la mayoría de las personas en nuestra sociedad ahora están en desventaja ya que nadie les ha explicado esta dicotomía fundamental que da forma a nuestras vidas.

Pero la elección no es teórica. Es una elección que hacemos muchas veces al día y, a menudo, estas elecciones son difíciles y conllevan un gran costo personal. Simplemente debes saber en todo momento que es un precio que vale la pena pagar: una vida integrada, libertad, autenticidad, paz interior, un fuerte sentido de sí mismo, una vida sustancial, una dirección clara y un profundo sentido de propósito y realización.

Tómate unos minutos cada día para escuchar las tres voces comunes de Dios. Él anhela llevarte a vivir una vida hermosa desde adentro hacia afuera. Ahora exploremos cómo la segunda voz puede ayudarle a lograr precisamente eso.

LA SEGUNDA VOZ: LOS FUNDAMENTOS

El talento es la segunda voz común de Dios.

Hay muchas personas que piensan que no tienen talentos. Es fácil ver cómo caen en esta creencia errónea. Hablaremos en breve sobre por qué se sienten así. Pero no es verdad.

Cada ser humano está dotado de un conjunto específico y particular de dones, talentos y habilidades. Son otorgados divinamente y están íntimamente vinculados a la misión de vida de una persona.

Cuando somos niños, la gente nos pregunta: «¿Qué quieres ser cuando seas grande?» A medida que crecemos, nos preguntan: «¿Qué quieres estudiar en la universidad?» Y a medida que se acerca la graduación, preguntan: «¿Qué quieres hacer cuando te gradúes?» Las personas que hacen estas preguntas tienen buenas intenciones, pero están haciendo las preguntas equivocadas.

Quieres. Quieres. Quieres. Cada pregunta contiene esa palabra. Si se pregunta esto decenas de veces a lo largo de la vida de un joven, se le condiciona a creer que la vida se trata de hacer lo que uno quiere hacer. No lo es. Nadie encontró jamás una vida plena y feliz haciendo lo que quería hacer.

La vida no se trata de lo que queremos hacer. Cada una de estas tres preguntas excluye la posibilidad de vocación, llamado, misión. Y es en estas cosas donde encontramos la realización inimaginable que todo corazón anhela pero que muy pocos experimentan.

¿Cuáles serían las preguntas correctas? Están tan cerca y al mismo tiempo tan lejos de las preguntas comunes. ¿Qué crees que Dios te está llamando a ser cuando seas grande? ¿Qué crees que Dios quiere que estudies en la universidad? ¿A qué te invita Dios a dedicar tu vida después de graduarte?

¿Cuál es la diferencia entre los dos conjuntos de preguntas? El primer conjunto se enfoca en uno mismo. El segundo conjunto de preguntas se centra en Dios y en la firme creencia de que Dios nos ha creado para un propósito específico y nos ha equipado con los talentos y habilidades necesarios para llevar a cabo la misión que nos ha sido asignada.

Si todos nos centráramos un poco más en lo que Dios quiere y un poco menos en lo que queremos nosotros, el mundo sería un lugar asombrosamente diferente.

Todos los talentos provienen de Dios. Nuestros talentos pueden ser inmensos y poderosos. Esto nos lleva muchas veces a olvidar la primera voz: la necesidad. Nuestros talentos pueden ser tan atractivos que nos engañamos haciéndonos creer que son autogenerados. Este autoengaño ha llevado a muchas personas en todas las épocas a olvidar que «es en Él que vivimos, nos movemos y existimos» (Hechos 17:28).

Estos talentos a menudo pueden usarse para promover la luz o la oscuridad en este mundo. Y las personas a menudo se dejan seducir para utilizar los talentos que Dios les ha dado con fines egoístas. También vemos a personas con inmensos talentos, cuya salud mental a menudo se ve afectada en sus primeros años de vida, utilizar los talentos que Dios les dio para desatar el mal en el mundo. Este es el precio que pagamos por la extraordinaria gracia del libre albedrío que hace posible el amor. Cuanto más se acerca el mal a nosotros personalmente, más fácil es caer en la creencia errónea de que es un precio demasiado alto.

El talento es la segunda voz común de Dios. Estamos hechos a imagen de Dios y, como tal, la creatividad de Dios vive en cada uno de nosotros. Esta creatividad anhela expresarse. Para acompañar estos dones, talentos y habilidades, también es importante señalar que, como estamos hechos a imagen de Dios, estos talentos dados por Dios van acompañados de la propia capacidad de Dios para la bondad, el amor, la amabilidad y la generosidad.

Tus talentos son pistas, al igual que tus necesidades son pistas. Pistas sobre cómo vivir tu vida. Pistas sobre cómo vivir la vida al máximo, cómo ser feliz, cómo vivir la vida abundante que describe Jesús en el Evangelio.

Estas pistas nos llevan a nuestra misión única.

TODOS SON GENIOS

Albert Einstein escribió: «Todo el mundo es un genio. Pero si juzgas a un pez por su capacidad para trepar a un árbol, vivirá toda su vida creyendo que es estúpido». La pregunta que tengo para ti en esta parte de nuestro viaje juntos es: «¿Cuál es tu genialidad?»

Verás, creo que todos somos capaces de hacer algo mejor que cualquier otra persona viva en este momento de la historia. ¿Cuál es esa cosa para ti?

Sé lo que puedes estar pensando. Quizás estés pensando en silencio que no eres un genio. Quizás te sientas tentado a dudar de la idea y pensar que estoy hablando solo de personas extraordinarias. No. Todo el mundo es un genio. ¿Cuál es tu genialidad?

¿Quiénes son las personas extraordinarias? ¿Son los únicos que poseen genialidad? Seguramente no podemos contar sólo a aquellos que logran aclamación y éxito seculares.

Si el genio pertenece sólo a aquellos que inventan cosas que cambian todo el curso de la historia humana, crean obras maestras que atraen multitudes a las galerías de arte durante siglos, imaginan sinfonías que vivirán en nuestros corazones para siempre o se convierten en grandes presidentes de grandes naciones o grandes directores ejecutivos de grandes corporaciones, si contamos sólo a las personas que establecen récords mundiales y ganan medallas de oro, las personas que capturan nuestra imaginación y levantan nuestro ánimo jugando en las Grandes Ligas de Béisbol o Baloncesto, los que ganan premios Oscar y Grammy, y las personas que reciben enormes premios. atención pública por hacer todo lo posible para servir a la humanidad, entonces, ¿qué será del resto de nosotros? ¿Debemos marchar silenciosamente, unirnos a las masas de Thoreau y llevar una vida de silenciosa desesperación?

Yo creo que no.

Déjame explicarte desde otro punto de vista. Mi madre vive en Australia y probablemente nadie escribirá jamás un libro sobre mi madre. No vive en el suburbio correcto, en la calle correcta, no conduce un automóvil caro y no fue a la universidad adecuada. Mi madre nunca ganó mucho dinero, no tiene mucho dinero, no usa ropa cara con etiquetas elegantes, no va de vacaciones a los lugares correctos todos los años y no ha tenido un trabajo fuera de casa desde que dio a luz a mi hermano mayor.

Mi madre no ha inventado nada que pueda cambiar todo el curso de la historia humana, no es la creadora de obras maestras artísticas o musicales, y no se ha convertido, ni es probable que se convierta, en la gran presidenta de una gran nación o corporación. Mi mamá no tiene récords mundiales, medallas de oro, premios Oscar ni premios Grammy, y puede ir al supermercado sin que los paparazzi la molesten.

Según todos los estándares del mundo, mi madre es un fracaso. Pero déjame asegurarte que mi madre es un genio.

Recuerdo cuando era niño regresando a casa de la escuela. Todas las tardes a las 3:30 p.m. mis siete hermanos y yo descendíamos sobre la casa familiar como una especie de invasión. Algunos de nosotros habíamos experimentado el triunfo y otros habíamos experimentado la tragedia. Mi madre siempre sabía cómo consolar instantáneamente la tragedia y celebrar el triunfo.

Como uno de ocho hijos, nunca sentí que me trataran simplemente como parte de la multitud. Tanto mi madre como mi padre tenían una capacidad fenomenal para sacar lo mejor de cada uno de mis hermanos y de mí.

No. No habrá libros sobre mi madre. Y como dije, si se la juzga según todos los estándares del mundo, ella es un completo fracaso. ¿Pero sabes qué? A mi madre no le importa lo que piense el mundo. La mayoría de la gente no la conoce lo suficiente como para felicitarla o criticarla. Y ella lo sabe. A mi madre no le importa lo que piensen los demás.

¿Sabes por qué? Porque ella sabe quién es y sabe por qué está aquí. No se hace ilusiones acerca de intentar ser alguien que no es. Mi madre descubrió su genio, persiguió su genio, ejercitó su genio y celebró su genio. Y si tú y yo podemos probar aunque sea una mínima muestra de la paz que proviene de saber quiénes somos, dónde estamos y que lo que estamos haciendo tiene sentido independientemente del resultado o de las opiniones de otras personas, entonces habremos descubierto nuestro genialidad también.

¿Simplemente nos hemos estado juzgando a nosotros mismos con criterios equivocados? «Todo el mundo es un genio. Pero si juzgas a un pez por su capacidad para trepar a un árbol, vivirá toda su vida creyendo que es estúpido». ¿Cuál es tu genio?

Todos somos capaces de hacer algo mejor que cualquier otra persona viva en este momento de la historia. ¿Cuál es tu talento único? Esa cosa singular para ti puede ser amar a tu cónyuge, criar a tus hijos o ser maestra de jardín de infantes.

Tu cosa singular no es tu única cosa. Pero es algo singular.

Tu única opción puede ser inventar algo que cambie todo el curso de la historia humana o convertirte en presidente de una gran nación. No importa tanto la forma que adopte tu genio, sino que lo aceptes y lo celebres.

¿Cómo sabrás cuando descubres tu genio? Hay dos signos: alegría y sensación de atemporalidad. Cuando hablo y cuando escribo, las horas pasan sin que yo me dé cuenta. Esto no es trabajo, es pasión. ¿Siempre es así? No, claro que no. Hay ocasiones en las que sacar de mi mente un solo párrafo coherente lleva horas y horas. Pero cuando experimento la alegría y la atemporalidad de compartir estas ideas, sé que nací para compartirlas como un pez fue creado para nadar o un pájaro para volar. Es simplemente una parte de lo que soy. Es posible que hace años le diste la espalda a tu genio. Muchas personas dejan de lado su genialidad porque no es lo suficientemente espectacular o porque sus familiares y amigos querían algo diferente para ellos. Con demasiada frecuencia se abandona el genio porque no nos genera suficiente dinero.

Hay genio dentro de ti. Lo encontramos escuchando la voz de Dios en nuestras vidas. Él nos habla de muchas maneras, y una de esas maneras es a través de nuestros talentos.

No basta con descubrir nuestros talentos. Aquí es donde muchas personas se descarrilan en sus trayectorias de vida. Descubren sus talentos, pero luego abandonan al que les dio el regalo. Es un asombroso acto de ingratitud amar el regalo más que a quien lo da. Esto sólo se magnifica y multiplica cuando el dador del don es Dios.

No basta con descubrir nuestros talentos. El siguiente paso es discernir cómo Dios quiere que expresemos esos talentos en el mundo en este momento de la historia.

Las tres voces están vinculadas de muchas maneras. Descubrimos una aquí en nuestra discusión sobre talentos. La primera voz es la necesidad. Tienes una necesidad legítima de descubrir y ejercitar tus talentos. Tienes una necesidad legítima de desarrollar tus talentos. Tienes una necesidad legítima de encontrar tu genio y compartirlo con el mundo.

Dios no te dio tus talentos solo para ti. Él te los confió. Pero son un regalo que él anhela dar a otras personas a través de ti. Pueden ser tres personas, o pueden ser tres mil millones. Uno no es mejor que el otro.

Pero si la intención de Dios era que compartieras tu regalo con tres personas, compartirlo con trescientas podría ser extremadamente perjudicial para ti, las tres personas a las que estaba destinado y las doscientas noventa y siete personas con las que lo compartiste, para las cuales no estaba previsto.

Es una paradoja difícil de entender en este mundo donde medimos todo y caemos regularmente en la trampa de suponer que más siempre es mejor.

Habrá momentos a lo largo de este libro en los que te sentirás tentado a pensar que es demasiado tarde para encontrar tu genio o que no tienes genio. Permítanme dejarlo inequívocamente claro: todas las fuerzas malignas de este mundo y del próximo quieren que creas eso. Esos pensamientos y sentimientos no provienen de Dios, quien, junto con todos los ángeles y santos, te está colmando de la gracia y la sabiduría necesarias para hacer lo correcto.

Un paso en la dirección correcta significa un cambio total de tu impulso. Es hora de cambiar el impulso de tu vida.

DOS VERDADES

Todos creemos cosas sobre nosotros mismos que no son ciertas. Pero si permanecemos abiertos al consejo de amigos sabios y escuchamos la voz de Dios en nuestras vidas, con el tiempo quienes nos aman nos permitirán cambiar estas creencias equivocadas.

Para explorar la segunda voz común de Dios es necesario, incluso esencial, tener muy claro dos verdades. Y estas dos verdades a menudo están en oposición directa con dos cosas que muchas personas creen sobre sí mismas y que no son ciertas.

Mucha gente cree que no tiene talentos. No es verdad. La primera verdad es que tienes abundantes talentos.

La realidad es que Dios te ha dado tantos talentos que no puedes ejercer plenamente ni siquiera uno de tus talentos en esta vida. Ejercicio completo. Ni siquiera uno. En tu vida.

Por eso es esencial que acudamos a Dios de vez en cuando y le digamos: «Oye, Dios. ¿En qué talento quieres que me concentre ahora? ¿Este año? ¿Para esta etapa o temporada de mi vida?

Tal vez simplemente eres un padre y tus hijos ya se independizaron y se fueron de tu casa; es un buen momento para volverte a Dios y decirle: «Dios, ¿en qué talento quieres que me concentre en este momento de mi vida?»

Tal vez te acabas de graduar de la universidad; ese es un buen momento para acudir a Dios y decirle: «Dios, ¿en qué talento quieres que me concentre en este momento de mi vida?»

Tal vez hayas estado estancado por un tiempo. Momento perfecto para acudir a Dios y decirle: «Dios, ¿en qué talento quieres que me concentre en este momento de mi vida?»

Bueno, entiendes el punto. Siempre es un buen momento para acudir a Dios y preguntarle qué tiene planeado para ti a continuación.

La segunda verdad es que tienes todos los talentos que necesitas.

Pero más que eso, y esto es lo hermoso, tienes la combinación perfecta de talentos que necesitas para cumplir la misión y vivir la vida para la cual Dios te creó. No tiene sentido preocuparse por los talentos que no tienes. De hecho, es un insulto a la providencia de Dios. Y no tiene sentido comparar tus talentos con los talentos de tus padres o hermanos, tus amigos, profesores, colegas o cualquier otra persona. Ese es un ejercicio de inutilidad y frustración.

Tienes la combinación perfecta de talentos que necesitas. Si no tienes algún talento, no lo necesitas.

Si necesitaras un talento para vivir la vida increíble para la que él te creó, Dios te lo habría dado. Y punto final. Sugerir lo contrario sería cuestionar su asombrosa providencia. Dios te dio los talentos que necesitas y te habla a través de esos talentos cada día.

Ahora descubramos cuán talentoso eres. Creo que la mayoría se sorprenderá por la amplitud y profundidad de sus dones, talentos y habilidades. Y de ahí surgirá un nuevo desafío: discernir qué talentos debes perseguir en esta etapa de tu vida y cuáles dejar latentes para otra temporada.

EL CONTEXTO ES ALGO HERMOSO

Me encanta el contexto. Si le pides ideas a un grupo de personas inteligentes para mejorar algo, obtendrás muchas buenas ideas. De hecho, casi todas las ideas te parecerán buenas si las consideras de forma aislada. Sólo cuando las pones una al lado de la otra te das cuenta de cuáles son las ideas verdaderamente geniales y cuáles las que no. Poner esas ideas una al lado de la otra es contexto y es algo hermoso.

El contexto nos muestra el verdadero valor de las cosas. Ofrece una claridad penetrante, una claridad que puede detenerte en seco, una claridad que te dejará sin aliento. Y es por eso que debes hacer del contexto tu muy buen amigo.

Imagina por un momento que eres el mejor jugador de fútbol del mundo. Vives y respiras fútbol las veinticuatro horas del día. Trabajas el juego, el cuerpo, la estrategia y juegas quince horas al día durante la mayor parte del año. Y sí, cuando duermes sueñas con el fútbol. Vayas donde vayas, eres conocido como el mejor de tu generación. Estás en la cima de tu juego.

Pero entonces algo sucede. Tu hijo de cinco años contrae cáncer. ¿Qué importancia tiene el fútbol ahora? No es nada importante. Dejarías el fútbol y aceptarías no volver a jugar al fútbol si eso pudiera curar a tu hijo. Ese es el contexto.

El contexto nos muestra lo que más importa. El contexto nos muestra el verdadero valor de las cosas.

Dios está constantemente tratando de poner las cosas en contexto para nosotros. Vamos a la iglesia el domingo, escuchamos el Evangelio y escuchamos a Dios decir: «Te he estado diciendo durante semanas que eso no es lo más importante; esto es lo más importante».

El Evangelio intenta constantemente reorganizar nuestras prioridades poniendo las cosas en contexto, mostrándonos lo que más importa y lo que menos importa. El Evangelio nos enseña el verdadero valor de las cosas.

Hombres y mujeres sabios reorganizan sus prioridades y organizan sus vidas en torno a la claridad que proporciona el contexto.

¿Qué es lo que realmente importa? Es una pregunta enorme, pero no imposible, especialmente con amigos como el contexto de nuestro lado. La mayoría de las personas pasan la mayor parte de sus vidas confundidas acerca de lo que realmente importa, y no tiene por qué ser así.

Pero la claridad requiere que disminuyamos un poco la velocidad. No mas que eso. Requiere que hagamos una pausa para reflexionar sobre lo que está sucediendo dentro de nosotros y a nuestro alrededor, que hagamos una pausa para poner las cosas en contexto antes de continuar. Esas pausas son la oración, la reflexión, la meditación, largas caminatas en lugares tranquilos, ir a misa, leer y todas las otras formas en que hacemos una pausa en el ajetreo y el bullicio de la vida para entrar en el sagrado esparcimiento. Este sagrado esparcimiento aumenta radicalmente nuestras posibilidades de vivir bien la vida.

¿Quién es el mejor del mundo creando contexto? La Iglesia católica. Tiene un historial de dos mil años de creación de contexto. Señala lo que más importa y desafía a las personas y a la sociedad a reorganizar sus prioridades con infalible coherencia. Y lo hace a pesar de que la persona que aporta la claridad del contexto suele ser muy, muy impopular.

Pero día tras día, en cada época, la Iglesia se pone de pie y anuncia lo que es verdadero, bueno, bello, noble, justo y correcto. Y lo hace a pesar de la enorme ola de impopularidad que la azota cada vez.

La Iglesia católica es la mejor del mundo en poner las cosas una al lado de la otra, la mejor del mundo en señalar el verdadero valor de las cosas, la mejor del mundo en poner las cosas en contexto.

¿Quién es el peor del mundo a la hora de crear contexto? Los medios de comunicación. Para impulsar sus agendas y reforzar sus opiniones, deliberada y negligentemente evitan poner las cosas en contexto. Casi nunca se ven realidades intactas una al lado de la otra en los medios de comunicación. ¿Por qué? Porque los medios de comunicación no quieren darte contexto.

Cuanto más comprendas el verdadero valor de las cosas, menos probabilidades tendrás de perder el tiempo prestándole atención a los medios de comunicación modernos. A los medios de comunicación no les interesa el verdadero valor de las cosas. Vendieron sus almas por ratings, luego por dinero en publicidad y ahora por clics.

Los medios de comunicación solían tratar de presentar las noticias, una visión equilibrada y dejar que la gente pensara sobre ellas y decidiera por sí misma. ¿Recuerdas lo que dijimos sobre la mala educación cuando hablábamos de vivir la vida de adentro hacia afuera o de afuera hacia adentro? La educación moderna ha cambiado hacia un enfoque de afuera hacia adentro que se centra más en enseñar a los estudiantes qué pensar en vez de cómo pensar. Este enfoque de imponer ideas a un estudiante, en lugar de utilizar a los grandes pensadores de cada época y conversaciones vibrantes para sacar lo mejor de cada estudiante, está impulsado por motivos equivocados.

¿Ves que está surgiendo un patrón? La educación, los medios de comunicación y muchos otros aspectos de nuestra sociedad tienen un gran interés en que las personas vivan sus vidas de afuera hacia adentro. Las autoridades no tan secretamente quieren que la gente tenga miedo, porque la gente temerosa regresa y quiere más. Y cuanto más inseguros somos, más ansiosos y deprimidos nos volvemos, más basamos nuestro valor en la validación externa, más inadecuados nos sentimos y más consumimos.

El contexto es algo bello que debe buscarse y apreciarse una vez encontrado. Nos muestra lo que más importa, el verdadero valor de las cosas, y que la claridad es esencial en nuestro trayectoria de vida.

TALENTO ÚNICO Y UNIVERSAL

Nuestros dones, talentos y habilidades se pueden dividir en dos grupos: talentos universales y talentos únicos.

Los talentos universales son talentos que todo el mundo tiene o que tiene la gran mayoría de las personas.

Un ejemplo sería la capacidad de marcar una diferencia en la vida de otras personas. Es un talento increíble. Si nos detenemos a reflexionar sobre ello, nuestra capacidad de marcar una diferencia en la vida de otras personas es un talento asombroso.

Pero lo descontamos. Lo devaluamos. No conscientemente, necesariamente, pero sí inconscientemente lo devaluamos.

¿Por qué? Bueno, porque estamos un poco enfermos de la cabeza. La verdad es que todos estamos un poco enfermos y a veces pensamos cosas enfermizas en nuestras pequeñas mentes enfermas. Valoramos las cosas equivocadas, las valoramos mal y gastamos cantidades desproporcionadas de tiempo y energía en cosas que no importan, mientras que al mismo tiempo descuidamos cosas de asombrosa importancia. Como resultado, devaluamos los talentos universales sólo porque son universales.

Y este es un ejemplo perfecto. Sabemos que Dios es la fuente de todos los talentos. Nos dio la extraordinaria capacidad de marcar una diferencia en la vida de otras personas, pero no estamos satisfechos con este regalo y lo descuidamos.

Porque en nuestras pequeñas mentes enfermas pensamos: *«Hacer una diferencia en la vida de otras personas. Dios le dio a todos ese talento. Si Dios realmente me hubiera amado, me habría dado un talento increíble, no este talento que todo el mundo tiene. De hecho, si Dios realmente me hubiera amado, me habría dado un talento asombroso, y no solo eso, sino que él, específica e intencionalmente, no le daría ese talento a nadie más, nunca más, en la historia del mundo».*

Devaluamos nuestros talentos universales porque pensamos que el hecho de que todos los tengan los hace menos importantes.

Aquí hay otro ejemplo. ¿Qué te gusta de tu cuerpo? Si le haces esta pregunta a la mayoría de las personas, primero pensarán en lo que no les gusta de su cuerpo, y luego para responder la pregunta dirán mi color de ojos, mi altura, mis curvas, mi cara, mi sonrisa, etc. Pero, ¿qué son estas cosas en comparación con la capacidad de ver? ¿O la capacidad de sentir?

Favorecemos lo comparativamente superficial sobre lo sustancial.

El color de nuestros ojos es irrelevante comparado con nuestra capacidad de ver. Tenemos un sesgo hacia lo particular y devaluamos lo universal.

Ahora, consideremos el segundo tipo de talento: el talento único.

Aquí es donde tendemos a centrar la mayor parte de nuestra atención como individuos y como sociedad. Este único punto tiene una enorme capacidad para distorsionar nuestros valores, y lo ha hecho.

¿Qué es el talento único? Cuando la cultura piensa en talento único, sólo considera la capacidad de escribir una sinfonía como Mozart o Beethoven; la capacidad de pintar un cuadro como Van Gogh, Monet o Picasso; la capacidad de curar una enfermedad o inventar algo que cambie todo el curso de la historia humana; o la capacidad de jugar fútbol, béisbol o baloncesto mejor que el 99,9% de las personas del planeta.

Todos tenemos talentos únicos. Un talento no tiene por qué hacerte rico y famoso para ser único y poderoso.

Todos son buenos en algo. Todos tenemos talentos y habilidades que son únicos y diferentes. Estos dones son la clave para una gran felicidad en nuestras vidas y, a veces, son indicadores principales en nuestra búsqueda de descubrir nuestra vocación o misión en la vida. Pero primero debemos buscar estos dones y talentos. Muchas veces la gente me dice: «Pero no soy bueno en nada». Esto no lo puedo creer. Puedo creer, sin embargo, que una persona aún no ha encontrado ese área en la que tiene un don especial.

Nuestra cultura está obsesionada con talentos únicos que hacen a las personas ricas y famosas. Pero si pones estas cosas al lado de la capacidad de marcar una diferencia, se vuelven triviales. Si se compara ser un gran jugador de baloncesto con marcar una diferencia en la vida de otras personas, queda claro que uno habla en serio y que, después de todo, sigue siendo un juego. En términos generales, marcar una diferencia en la vida de otras personas es más importante que ser un gran jugador de baloncesto. Pero nuestra cultura está enormemente confundida acerca de esta verdad.

La prueba de esta verdad la encuentro en las personas exitosas. La abrumadora mayoría de personas que se vuelven tremendamente exitosas en cualquier cosa y se vuelven increíblemente famosas y ricas en el proceso, luego se dan la vuelta y ¿qué hacen? Intentan marcar una diferencia en la vida de otras personas, y no sólo de unas pocas, sino a escala industrial, de tantas como sea posible.

Inician una fundación, se unen a una fundación, defienden una causa, buscan una cura, se convierten en defensores o activistas, ingresan al servicio público, defienden la educación o las artes, o se dedican a la ayuda humanitaria y al alivio de desastres.

Con valentía y determinación feroz, se propusieron marcar la diferencia en el mundo con la misma energía con la que se propusieron conquistar el campo de éxito elegido. ¿Por qué? Podrían hacer lo que tanta gente fantasea. Podrían sentarse y no hacer nada en todo el día. Podrían hacer lo que quisieran cuando quisieran.

¿Por qué las personas que tienen un éxito tremendo, que se han vuelto asombrosamente famosas y ricas, personas que podrían hacer lo que quisieran o nada en absoluto, por qué, casi universalmente, intentan marcar una diferencia en las vidas de otras personas? Porque quieren darle significado a sus vidas. No puedes vivir una vida significativa llenándola de actividades y cosas sin sentido.

¿Por qué se centran en marcar una diferencia en la vida de otras personas? Porque sus vidas están vacías sin eso.

Nuestra verdadera humanidad se realiza a través de actos de bondad, empatía, compasión, generosidad y servicio a los demás. Sólo explorando nuestra profunda interconexión podremos experimentar plenamente lo que significa ser humano. El autor nigeriano y premio Nobel Wole Soyinka observó: «No puedes llegar a ser plenamente humano hasta que empieces a vivir para los demás».

Nuestra necesidad de significado es colosal. Fuimos hechos para tener significado. No podemos vivir felices sin él. Por eso nos estamos ahogando o asfixiando, o ambas cosas, en esta cultura superficial. Necesitamos significado, necesitamos un poco de profundidad y seriedad. Ambos son profundamente agradables para la mente, el cuerpo, el corazón y el alma humanos.

Poner las cosas una al lado de la otra proporciona contexto, y el contexto revela el verdadero valor de las cosas.

Todo esto para prepararte para este punto: tus dones, talentos y habilidades universales pueden ser infinitamente más valiosos que tus dones, talentos y habilidades únicos. Ten esto en cuenta en tu búsqueda por escuchar la segunda voz común de Dios.

Estás especialmente preparado y magníficamente equipado para llevar a cabo la misión que Dios te ha encomendado. Si aún no sabes cuál es esa misión, aprovecha este tiempo para prepararte para el momento en que la descubras. Una vez que sepas cuál es tu misión y cuáles son tus talentos, no dejes de desarrollarlos nunca.

Tu vida tendrá muchas estaciones diferentes. Dios te ha equipado para todas ellas. Recuerda, Dios te ha dado tantos talentos que no puedes ejercer plenamente ni siquiera uno de tus talentos en esta vida. Eso hace que sea de vital importancia que recurras a él de vez en cuando y le preguntes: Dios, ¿en qué talento quieres que me concentre en esta etapa de mi vida?

CAPÍTULO CUATRO: LA TERCERA VOZ: LOS DESEOS

EL PODER DEL DESEO

El deseo es poderoso. Es una de las fuerzas más poderosas que actúan dentro de la persona humana. Se puede aprovechar para el bien o dejar que se descontrole.

Nuestros deseos juegan un papel poderoso en la configuración de nuestras vidas. Si deseas las cosas equivocadas, eso bastará para arruinar tu vida. El poder del deseo hacia algo incorrecto es como un tren fuera de control, y ese tren fuera de control puede ser tu vida.

La mayoría de las personas ascienden o descienden según sus deseos. Todo escándalo es un escándalo de deseo. Puede que no sea deseo físico, pero el ADN de cualquier escándalo es un deseo desbocado.

El deseo equivocado puede destruir tu vida. Así que elige sabiamente tus deseos.

Hay una ideología falsa que afirma que no elegimos nuestros deseos, sino que surgen en nosotros y no tenemos otra opción. Si esto fuera cierto, sería una forma horrenda e inhumana de esclavitud. Sí, hay deseos que surgen dentro de nosotros de forma espontánea, pero una vez que surgen, podemos elegir lo que viene después.

Muchos de los atroces problemas sociales que aquejan a nuestra sociedad son el resultado de esta falsa ideología.

Lo que necesito que entiendas al embarcarnos en este tema es que tu poder de desear es inconmensurable. Puedes elegir cómo diriges ese poder.

El deseo es mejor cuando está concentrado. Si esparces tu deseo entre muchas cosas, pierde su fuerza y se desperdicia.

La libertad que tienes cuando se trata de deseo es que puedes elegir dónde enfocarlo.

¿En qué se centra tu deseo? ¿En qué quieres que se centre? ¿Un auto nuevo, un trabajo mejor, un reloj, un bolso, el placer, evitar el dolor, una casa más grande, el niño, la niña, el amor verdadero, la comodidad, el estatus, la pereza, ganar, más dinero, complacer a los demás, la justicia, el éxito, el próximo gran logro, aliviar el sufrimiento, la voluntad de Dios?

Tú decides. Elegimos los deseos en los que nos centramos.

Al principio de este libro hablamos de la horrible realidad de que es posible, e alarmantemente fácil, vivir mal la vida. Una de las formas más fáciles de vivir mal tu vida es centrar tu inmenso poder de deseo en las cosas equivocadas.

¿En qué te está llamando Dios a concentrar tu inconmensurable poder de deseo en este momento de tu vida? Permite que Dios te hable a través de tus deseos. Pregúntate: ¿Este deseo es de Dios? Aprende a discernir la diferencia entre los deseos que Dios ha puesto en tu corazón y los deseos que la cultura ha puesto en tu corazón.

La gente dice: «Dios es bueno». Es verdad, pero Dios también es más que bueno, es la bondad. El hombre o la mujer sabios desean a Dios por encima de todo. En este momento, puede que te resulte imposible comprender ese concepto, y está bien. Solo debes saber que el hombre sabio y la mujer sabia comenzaron a recorrer el camino de la sabiduría deseando el bien.

Dale al deseo del bien un lugar firme en tu mente, corazón y alma. Desea el bien para ti y tu familia, desea el bien para tu comunidad y tu país, desea el bien para tus amigos y extraños.

El poder del deseo es inconmensurable. A veces te sorprenderá y otras te dejará atónito y asombrado. Usa ese poder dentro de ti para siempre.

LA TERCERA VOZ: LOS FUNDAMENTOS

El deseo es la tercera voz común de Dios. Pero no cualquier deseo: el deseo más profundo. Dios ha puesto deseos de bien en lo profundo de tu corazón y te habla a través de esos profundos deseos de cosas buenas.

El problema es que el mundo llena nuestros corazones con una plétora de deseos superficiales y frívolos.

El primer desafío es profundizar en todos los deseos superficiales y frívolos para que podamos descubrir los deseos profundos. El segundo es vivir nuestras vidas desde esa parte más profunda del ser donde residen nuestros deseos más verdaderos.

Un ejemplo sencillo. Todos los días, alrededor de la hora del almuerzo, tengo deseos. Deseo una hamburguesa, unas papas fritas y una RC Cola (esa es una larga historia para otro día). Estos son deseos superficiales de placer y comodidad. Tengo un deseo más profundo de salud y bienestar. Si actúo según mis deseos más profundos, elijo algo más saludable del menú.

Cada vez que elegimos vivir nuestros deseos más profundos, ampliamos nuestra capacidad para todo lo que es bueno, verdadero, correcto, justo y noble. Cuando nos ponemos del lado de nuestros deseos superficiales y frívolos, nuestra capacidad para estas cosas se contrae.

Esta dinámica se repite decenas de veces al día en nuestras vidas. Con demasiada frecuencia nos ponemos del lado de nuestros deseos superficiales, lo que tiene efectos desastrosos en nuestras vidas individuales y en la sociedad en su conjunto, pero sobre todo esta dinámica tiene un impacto desastroso en nuestras almas.

Las personas que no saben lo que quieren son peligrosas. La gente que lo quiere todo es peligrosa. Las personas que quieren las cosas equivocadas son peligrosas. Y las personas que quieren lo correcto por motivos equivocados son peligrosas.

El mundo necesita personas que quieran lo correcto por las

azones correctas.

La capacidad de centrar nuestro deseo en cualquier cosa que elijamos es una habilidad asombrosa. Es uno de esos talentos universales de los que hablamos en el capítulo anterior. Una vez que tomas conciencia de estos talentos universales, descubres que hay muchos más de los que pensabas a primera vista.

Es hora de empezar a investigar los muchos deseos superficiales y frívolos con los que el mundo ha cargado nuestros corazones. Es hora de descubrir los deseos más profundos que Dios ha puesto en nuestros corazones. Es hora de reconocer que él los colocó en nuestro corazón por una razón, y que continúa hablándonos a través de esos profundos deseos de bien. Y es hora de desatar el poder del deseo alineando nuestros pensamientos, palabras, acciones y decisiones con los deseos más profundos de nuestro corazón.

La gente suele preguntar: «¿Qué crees que debería hacer con mi vida?» Casi siempre le preguntamos a la persona equivocada. Es una pregunta que es mejor dirigirla a Dios en oración.

Dios usa las tres voces comunes para hablarnos todos los días de nuestras vidas. No hay excepciones. No hay días en que no te hable de estas maneras, y no hay nadie a quien no le hable.

Uno de los aspectos más hermosos de esta discusión es que nuestras necesidades, talentos y deseos son vocacionales. Señalan el camino para el que Dios nos creó.

¿Que debo hacer con mi vida? Es posible que tengas toda tu vida por delante y que por primera vez te estés haciendo esta pregunta en serio. O puede que estés mucho más avanzado en el camino y te preguntes: «¿Qué debo hacer con el resto de mi vida?» Cualquiera que sea el caso, escucha a Dios hablándote a través de tus necesidades, talentos y deseos, y surgirá la dirección que buscas.

LOS MUCHOS DESEOS TRIVIALES VERSUS LOS POCOS DESEOS ESENCIALES

Menos es más. Lo has oído antes. ¿Pero sabías también que menos es mejor? Vivimos en una cultura de más, más, más, por lo que la mayoría de la gente nunca se ha detenido a considerar las virtudes de menos. Cuando se trata de la capacidad de desear que Dios te ha dado, menos es más y mejor.

La vida no se trata de hacer más en menos tiempo; se trata de concentrarse en esas pocas cosas que Dios planeó para ti. Estos son los pocos elementos vitales.

Dejemos de lado a los muchos deseos triviales y enfoquémonos en los pocos deseos vitales. Este es un paso esencial en cualquier viaje espiritual serio.

¿Qué es esencial? Esta es la pregunta que un ser finito que vive una vida finita se ve obligado a considerar en un mundo de oportunidades y posibilidades ilimitadas.

¿Qué es el esencialismo? Es el enfoque que adopta una persona razonable al descubrir que es un ser finito que vive una vida finita en un mundo de oportunidades y posibilidades ilimitadas.

El esencialismo consiste en dar prioridad a lo que más importa y dejar de lado lo que menos importa. Se trata de hacerse la pregunta: ¿Qué es esencial para su salud, felicidad y plenitud? Y se trata de elegir a las personas y cosas que son esenciales para tu salud, felicidad y plenitud en lugar de los muchos vampiros triviales y superficiales de tiempo y energía que absorben toda la pasión y el propósito de tu vida.

Quizás un poco menos en casi todas las áreas de tu vida sea el secreto de esa rara satisfacción que todos anhelamos pero que muy pocos encontramos. Pero quizás lo que se necesita es mucho menos. La pregunta es: ¿vivirás tu vida al servicio de los muchos deseos triviales o de los pocos deseos vitales?

Los pocos deseos vitales son para los que Dios te creó para que los experimentes.

Quizás ya seas un esencialista. Es posible . Pero si te sientes constantemente abrumado, si siempre intentas hacer más con menos, si crees que si procrastinaras menos y fueras más eficiente serías capaz de lograrlo todo, no eres un esencialista. Aunque parece que podrías beneficiarte considerablemente al convertirte en uno.

¿Todavía no estás seguro o segura? Bueno. Miremos más de cerca. Exploremos la diferencia entre un esencialista y un no esencialista.

El no esencialista se apresura tratando de ser todo para todas las personas. El esencialista intenta ser un gran amigo para unas pocas personas.

El no esencialista se dedica a la búsqueda indisciplinada de más. El esencialista se dedica a la búsqueda disciplinada de menos. El no esencialista nunca está satisfecho. El esencialista se ha tomado tiempo para explorar qué producirá satisfacción.

El no esencialista piensa: «Tengo que hacerlo». El esencialista piensa: «Yo elijo».

El no esencialista piensa: «Todo es importante». El esencialista piensa: «Sólo unas pocas cosas realmente importan».

El no esencialista reacciona constantemente a lo urgente. El esencialista se centra en lo que es verdaderamente importante, y las cosas más importantes de la vida casi nunca son urgentes.

El no esencialista dice que sí sin pensarlo realmente.

El esencialista dice no a todo excepto a lo esencial.

El no esencialista asume demasiado y no hace nada bien.

El esencialista hace menos y ofrece excelencia.

La vida del no esencialista se siente fuera de control. La vida del esencialista se siente mesurada y manejable.

El no esencialista se siente constantemente abrumado y agotado.

El esencialista ha aprendido a disfrutar el viaje.

El no esencialista se deja llevar por sus deseos triviales. El esencialista puede dejar de lado sus muchos deseos triviales para apreciar sus deseos más profundos.

¿Estás listo para darle prioridad a lo esencial? ¿Estás listo para empezar a decir no a todas las cosas que a la larga no significarán nada para nadie? ¿Te atrae la idea? ¿El solo hecho de escucharlo te conmueve el alma? Entonces tal vez, solo tal vez, sea hora de que te vuelvas esencialista.

DEL MIEDO A PERDERSE ALGO AL GOZO DE PERDERSE ALGO

Tus deseos son muchos, pero tus deseos más profundos son muy pocos. Cuando se trata de deseo, Dios nos invita a centrarnos en los pocos deseos vitales y dejar de lado los muchos deseos triviales. Pero promete que los pocos deseos vitales serán más satisfactorios que los muchos deseos triviales.

La clave para lograr esta transición es dejar de lado el *miedo a perderse algo* y *adoptar el gozo de perderse algo.*

Este es un tema sobre el que he escrito antes, pero me siento obligado a retomarlo aquí porque es fundamental para comprender el gozo que surge al escuchar la voz de Dios.

Sin la determinación decidida de un esencialista, estamos destinados a vivir una vida de distracción. Hace ciento cincuenta años, Henry David Thoreau abandonó Concord, Massachusetts, porque creía que se había vuelto demasiado ruidosa, demasiado ocupada y que distraía demasiado. Salió a laguna Walden para reconectarse consigo mismo y con la naturaleza. Le tomó sólo siete páginas de sus escritos llegar a la conclusión de que «la mayoría de los hombres llevan vidas de silenciosa desesperación».

Hoy en día, la mayoría de hombres y mujeres llevan vidas de distracción. La falta de concentración conduce a la falta de compromiso y, en conjunto, esto nos lleva a una vida de desesperación silenciosa (y no tan silenciosa).

El esencialismo nos desafía a nombrar lo que más importa. Nos da la claridad y la sabiduría para centrarnos en unos pocos deseos vitales en lugar de perseguir a los muchos deseos triviales. Y nos libera de toda la distracción y la superficialidad que domina la cultura.

Tenía un compañero de cuarto en la universidad que constantemente corría de una cosa a otra, sacrificaba el sueño y descuidaba las tareas escolares. Un día le pregunté por qué elegía este camino y me dijo: «No quiero perderme nada durante estos cuatro años». Este idea estado ha llegado a ser conocida como el «miedo a perderse algo».

La idea de que si tomamos las decisiones correctas, dedicamos lo suficiente a cada día y nos volvemos ultraeficientes, no nos perderemos nada es un error colosal. Más que un error, es un engaño. Te lo vas a perder. De hecho, seguramente te perderás la gran mayoría de las cosas, las experiencias y las oportunidades.

Una de las trampas más grandes en las que puedes caer es el miedo a perderte algo. Impulsadas por el disparate psicológico del miedo a perderse algo, muchas personas toman las peores decisiones de sus vidas.

El miedo a perderse algo también tiene un primo cercano conocido como «conformarse». La sabiduría aceptada del vasto universo conocido como la Internet es que nunca debes conformarte. Este es un consejo horrible. Las dos expresiones más comunes de esta tontería se relacionan con las relaciones y la carrera. «Conformarte» en tu vida romántica significa comprometerte con alguien que no es ideal para ti. La versión profesional de esta tontería implica «conformarse» con un trabajo que pague las cuentas y mantenga a tu familia en lugar de perseguir tus sueños.

La verdad es esta: tienes que conformarte. No tienes otra opción. Es inevitable. Nuestras vidas son finitas. No tienes tiempo infinito en esta tierra para perseguir todas las posibilidades. Tu tiempo es limitado. No puedes tener éxito en nada sin primero decidirte por ese camino. Para convertirte en un profesor o médico de éxito, debes dejar de lado las posibilidades de otras carreras y comprometerte a ser profesor o médico. Si saltas de una carrera a otra sin llegar a dominar nunca ningún oficio en particular, te estás «conformando» de una manera diferente y mucho más diabólica.

Una de las razones principales por las que muchos jóvenes tienen cada vez más problemas para mantener relaciones románticas significativas es porque quieren mantener abiertas todas sus opciones. Pero mantener abiertas todas tus opciones cierra la posibilidad de éxito en la relación en la que te encuentras en este momento.

Muchas personas nunca llegan a los pocos deseos vitales porque se niegan a conformarse y, como hemos visto, conformarse es inevitable. Cada decisión es una decisión de perdernos algo. Cada elección de algo es una elección de perderse todo lo demás.

El miedo de perdernos algo y el conformarnos fomentan ideales poco realistas que nadie puede cumplir debido a las limitaciones innatas de la vida y de todos los seres humanos. El resultado es una ansiedad creciente porque constantemente nos perdemos algo y es inevitable que tengamos que conformarnos.

Es preferible perderse la mayoría de las cosas, porque las únicas que realmente importan son aquellas que Dios tiene pensadas solo para ti. Por lo tanto, hacer la voluntad de Dios transforma el *miedo a perderse algo* en *el gozo de perderse algo*.

Esta sabiduría es esencial si vamos a aprender a escuchar la tercera voz común de Dios: el deseo.

EL DESEO Y LOS CUATRO ASPECTOS

El deseo ha sido una de las facetas más incomprendidas de la persona humana en el contexto de la espiritualidad a lo largo de la historia. Pero así como las necesidades son inherentes a nuestra naturaleza humana, el deseo es también un componente esencial de nuestra naturaleza. Esto a menudo se pasa por alto. De hecho, muchas veces se olvida que nuestro Dios que nos creó estupenda y maravillosamente, nos creó con deseos. La verdad más elevada, el camino más interesante a seguir aquí, es que nuestros deseos tienen la propensión a conectar este mundo y el siguiente.

Un breve recorrido por los cuatro aspectos de la persona humana revela que el deseo figura significativamente en cada aspecto. Desde lo práctico hasta lo profundo, nuestros deseos humanos a veces buscan lo terrenal, pero anhelan alcanzar lo divino.

Pero antes de sumergirnos de lleno en el océano del deseo humano, es crucial reconocer que los hombres y mujeres más sabios de cada época y de cada tradición han aprendido a desear la satisfacción de sus necesidades legítimas antes que cualquier otra cosa. Algunos se dieron cuenta rápidamente, otros patalearon y gritaron, pero todos, tarde o temprano, llegaron a dos entendimientos profundos:

1. A menos que se satisfaga una muestra representativa de nuestras necesidades legítimas (físicas, emocionales, intelectuales y espirituales), no podremos prosperar, independientemente de cuántos de nuestros otros deseos se cumplan; y

2. La satisfacción de una necesidad puede no ser espectacular, pero casi siempre es más gratificante a largo plazo tener satisfechas las necesidades más simples de forma regular que lograr un éxito único en la vida que uno ha deseado durante toda su vida . Ambos tienen su lugar, pero la satisfacción regular de nuestras necesidades más simples a menudo eclipsa la satisfacción de un único gran deseo.

Es decir, incluso mientras continuamos profundizando en las muchas esferas del deseo humano, no olvidemos que desear lo que necesitamos antes de desear lo que queremos es una señal de sabiduría.

El seseo físico

Plantea la palabra «deseo» en nuestra cultura y se da por hecho que estás hablando de deseo sexual. Este es un aspecto importante del deseo humano, pero ver todo deseo a través de esta lente es un error. De hecho, incluso utilizar el deseo sexual como punto de partida es un error. Pero a nuestra cultura hipersexualizada le gustaría que la conversación sobre el deseo humano comenzara y terminara allí.

Muchos de tus deseos físicos entran en la categoría de necesidades de lujo. Por ejemplo, las casas y apartamentos en los que vivimos la gran mayoría de nosotros superan con creces nuestra necesidad básica de refugio y caen firmemente en el campo de un deseo cumplido. La comodidad es el deseo físico que nos lleva a construirnos hogares que vayan mucho más allá de lo que realmente necesitamos. Es importante señalar que esto no es una crítica. Sin embargo, es necesario mantener una delimitación clara entre lo que es una necesidad y lo que es un deseo.

Nuestra búsqueda para explorar el deseo físico en todo momento estará cargada con nuestro deseo de placer. La gran mayoría de nuestros deseos físicos son de alguna forma de placer, comodidad o gratificación sexual.

Disfruto estas cosas tanto como cualquier otra persona. Y creo que Dios quiere que disfrutemos de estas cosas dentro del contexto apropiado. Pero nuestra cultura ha promovido el placer como el fin último de la vida y eso es un error. El placer no es el bien supremo que esta vida tiene para ofrecernos.

Esto se descubre rápidamente al preguntar: ¿Nos aporta el placer significado y propósito? No, no nos aporta significado y propósito y por lo tanto no es el objetivo final de la vida. El exceso en el placer, la comodidad o la gratificación sexual no produce un hombre del que podamos decir: «Ha dominado el arte de ser un ser humano», o una mujer de la que podamos decir: «Ella proporciona un modelo a seguir para todas las mujeres jóvenes sobre la mejor manera de vivir la vida».

Necesitamos estar constantemente buscando el deseo más allá del deseo. Anteriormente en este capítulo, hablamos de mi deseo a la hora del almuerzo de comer hamburguesas y papas fritas. Pero más allá de este deseo superficial de placer y comodidad, descubrimos que tenía un deseo más profundo de salud y bienestar. Este es el deseo más allá del deseo.

La única manera de decir no a algo es tener un sí más profundo. Y necesitarás negar muchos de tus deseos a menos que desees que tu vida y tu alma se descontrolen. El deseo más allá del deseo proporciona la siguiente pista, una y otra vez, hasta que finalmente llegamos al deseo último (del que hablaremos en breve).

Hay una jerarquía de deseo. Algunos deseos son más elevados que otros y algunos son los más bajos. Nuestros deseos físicos, como pronto veremos, ocupan un lugar bajo en esta jerarquía. Esto es simplemente una observación, no una crítica. La raza humana no se perpetuaría sin estos deseos, así que no pretendamos que no tienen un lugar, y además, un lugar de vital importancia.

Deseos emocionales

La gratificación instantánea que a menudo puede desarrollarse en el ámbito del deseo físico hará que sea imposible explorar y dominar el ámbito del deseo emocional. La razón es que los mejores frutos del mundo emocional están reservados para aquellos que estén dispuestos a participar con paciencia y desinterés.

¿Cuál es un ejemplo de uno de estos deseos emocionales?

Deseamos amistad. Este deseo está impulsado por muchos motivos, pero entre ellos está el deseo de tener un pequeño grupo de compañeros con quienes compartir nuestras alegrías y tristezas. Cuando nos suceden cosas buenas, nuestro instinto natural es compartir nuestra buena suerte con los demás. Esta es una de las razones por las que a menudo se hace referencia a los Evangelios de Jesucristo como la Buena Nueva, porque a cualquiera que tiene un encuentro auténtico con Jesús le resulta imposible no compartir esta buena nueva con cualquiera que se cruce en su camino.

Compartir nuestra alegría magnifica la alegría.

Por otro lado, cuando encontramos la parte más vulnerable de la humanidad y la vida, anhelamos compartir nuestro dolor y sufrimiento. Cuando nos tocan las dificultades, la violencia, la traición, la enfermedad, los desastres naturales, la soledad, la adicción, no queremos que alguien nos diga qué deberíamos haber hecho diferente, o los errores que hemos cometido, o que nos cuente las veces que ignoramos sus consejos. Lo que deseamos es poder sentarnos con un amigo, o quizás un pequeño grupo de compañeros, para compartir con ellos la forma en que el mal ha tocado o invadido nuestra vida en este día. Todo lo que buscamos a cambio es que esa persona o personas digan: «Te vemos. Te oímos. Estamos contigo. Nos importas. Tú eres digno».

Compartir nuestra angustia disminuye nuestro dolor, sufrimiento y angustia.

¿Cuál es el deseo? Compartir los sentimientos provocados por una persona o situación. Por reprimido que este deseo pueda estar en algunas personas, tenemos un firme deseo de compartir nuestros sentimientos con los demás.

Tu deseo de expresar tus sentimientos es sólo la punta del iceberg de tu deseo más amplio de ser escuchado, amado, aceptado y comprendido. Aprender a expresar tus sentimientos a la persona adecuada, en el momento adecuado y en el entorno adecuado es un prerrequisito para la satisfacción de rus numerosos deseos emocionales.

Por supuesto, esto es sólo el comienzo del laberinto que representa nuestros deseos emocionales. Son muchos. Deseamos intimidad, autonomía, confianza, alegría, seguridad, estabilidad, conversación, amor, aceptación, afecto, respeto, admiración, atención, compasión, aliento, honestidad, empatía y conexión.

Nuestros deseos emocionales son muchos y cambian de una estación de nuestra vida a otra. Lo esencial a tener en cuenta es que tus deseos son una parte única de tu vida. Están surgiendo en ustedes en este momento por una razón específica. ¿Quieres saber cuál es ese motivo específico? Solo escuchando tus deseos y discutiéndolos con Dios podrás comprender el lugar que tienen en tu camino hacia adelante.

Deseos intelectuales

¿Te encanta aprender?

En algún momento del camino, a la mayoría de las personas les han dicho que son estúpidas o que no son lo suficientemente inteligentes, o que su educación es insuficiente, o han sido azotadas intelectualmente por alguien con todos los títulos correctos de todas las instituciones académicas correctas, que es repugnantemente arrogante y elitista y, sin embargo, asombrosamente inseguro. Pero la mayoría de las personas pierden su amor por el aprendizaje debido a los sistemas y estructuras que se centran en la memorización, las pruebas y que les digan qué pensar en lugar de enseñarles cómo pensar.

Todo esto desalienta el amor por el aprendizaje permanente, que es una de las fuentes de alegría absoluta en esta vida.

El primer paso es dejar de lado todo el acoso pseudointelectual que hayas experimentado alguna vez. Sería fantástico si pudiéramos presionar un botón que diga «Restaurar configuración de fábrica». De hecho, sería un gran nombre para un libro. Sería un libro divertido de escribir cuanto más lo pienso. Pero el punto es que fuiste creado con un conjunto de disposiciones y habilidades que has descuidado, regalado o que te las han robado en el camino y es hora de recuperarlas.

La primera es tu capacidad intelectual. Es significativa. Mayor de lo que la mayoría de la gente cree. Y, sin embargo, la mayoría de las personas la abandonan demasiado pronto en la vida. Nadie ha llegado al límite de su capacidad intelectual. La mayoría de la gente simplemente deja de desarrollarla.

«Piensas demasiado», puede ser una de las peores frases de la historia del mundo. Y ciertamente está en la lista de las diez peores cosas que decirle a un adolescente que está tratando apresuradamente de descubrir quién es, qué es la vida y su papel en todo eso.

Pensar es bueno. Mientras más pienses, mejor. Por supuesto, puede haber demasiado, pero ¿tienes alguna idea de cuántas personas corren el riesgo de cruzar esa línea? No el 1%. No el 1% del 1%. Menos que eso.

Los problemas que enfrentamos como individuos y colectivamente como sociedad no se resolverán con un pensamiento superficial y trivial. No se resolverán escuchando frases breves memorables y pegajosas en los medios de comunicación y elaborando una filosofía de vida basada en ellas.

Los problemas que enfrentamos requieren una reflexión profunda. No el pensamiento profundo de una persona, ni siquiera de un gran grupo de personas. Solo se resolverán si elevamos la calidad y profundidad del pensamiento de la mayoría de las personas en nuestra sociedad.

Es necesario decir todo esto antes de abordar tus deseos intelectuales. Mucha gente lucha por poner nombre a sus deseos intelectuales. Una razón para esto es que para que una cultura afirme el predominio de los deseos sexuales, primero tiene que diezmar a la gente intelectualmente. Cualquier cultura que quiera controlar o influir excesivamente en el comportamiento de las personas debe primero suprimir la función del pensamiento crítico. Pero aún así, justo debajo de la superficie, listos para crecer nuevamente en cualquier momento, están tus deseos intelectuales.

El deseo intelectual se comprende mejor en el ejemplo de un niño. Los niños tienen una curiosidad que aporta una sensación natural de asombro a sus vidas. Están ansiosos por comprender y anhelan el conocimiento. Desde el momento en que los niños pueden pensar y hablar lógicamente, una pregunta domina su diálogo interno (pensamientos) y su diálogo externo (conversaciones). Interna y externamente se preguntan constantemente: ¿Por qué? Son curiosos por naturaleza, deseosos de comprender y anhelan el conocimiento.

El deseo intelectual es uno de los grandes signos del florecimiento humano. Si lo has perdido, es momento de recuperarlo.

También es necesario señalar que, si bien las personas tienen acceso a más contenido que nunca antes, leen más contenido que les induce miedo y les destruye el alma que nunca antes.

El contenido que consumimos ha cambiado radicalmente en una generación. Ahora tenemos personas que dicen ser lectores comprometidos que no han leído la portada de un libro en cinco años. Los artículos breves en línea basados en opiniones y motivaciones personales ocultas no proporcionan el estímulo y el sustento necesarios para satisfacer tus deseos intelectuales. Hay muchas razones para esto, pero la pantalla en sí y su capacidad para distraerte es motivo suficiente.

Hay algo especial en sentarse solo en un lugar tranquilo con un buen libro.

Una oración. Analicémoslo.

«Hay algo especial acerca de»: es imposible decir qué es ese algo especial. ¿Es misterioso y místico? Sí. Ambos. ¿Es también eminentemente práctico? Absolutamente. Y tal vez ese algo especial represente el potencial de todo lo que aún no se ha visto, no se ha oído ni se ha descubierto en ti.

«Sentarse»: sentarse es tener tiempo libre. El ocio es esencial para el pensamiento profundo. Es una cualidad perdida en una cultura moderna y utilitaria que no respeta los frutos que nacen de los encuentros regulares con el ocio, porque esos frutos tardan demasiado en crecer y nos despiertan y nos advierten que la dirección que ha tomado la sociedad es peligrosa.

«Solo»: Jesús buscó repetidamente lugares donde pudiera estar solo. Sucedió con tanta frecuencia y con tanta regularidad a lo largo de cada uno de los cuatro Evangelios que ignorar la práctica en nuestras propias vidas pone en duda nuestro estatus como discípulos y estudiantes del gran maestro.

«En un lugar tranquilo»: si deseamos hacer el viaje del caos al orden, y el viaje de la confusión a la claridad, el silencio será un ingrediente indispensable. A menudo me imagino a Dios llamándome: «Ven a la quietud».

«Con un buen libro»: si alimentas tu mente con basura, puedes esperar que tu vida no mejore. Mejora la calidad del contenido con el que alimentas tu mente cada año y te sorprenderás del enorme impacto que este cambio tendrá en tu vida. No todos los libros son buenos y hay demasiados para leerlos todos. El secreto es encontrar los libros que te encontrarán donde estás y te llevarán a donde Dios te está llamando.

Cada año, Dynamic Catholic publica una lista general de los 10 mejores libros, pero también listas separadas específicamente para hombres, mujeres y niños. Visita www.DynamicCatholic.com para explorar las listas. (Este sitio web está en inglés.)

Si no estás en sintonía con tu deseo intelectual, ¿qué pasó? Quizás cuando eras niño tus padres solían gritarte cuando hacías preguntas. Quizás siempre quisiste aprender a tocar el piano, pero tus amigos te decían que era solo para mariquitas. Las cosas más simples pueden hacernos retroceder y enterrarnos. Cuando eras niño, hacías una pregunta en clase, todos los demás niños se reían y la vergüenza enterró tu deseo intelectual natural de aprender continuamente.

La vida no nos libra a ninguno de nosotros de estas y otras experiencias amargas, a veces brutales. Aún así, tenemos que levantarnos y seguir adelante. En este caso, eso significa redescubrir nuestros deseos intelectuales. El ocio aporta claridad a la mente. Date tiempo para descansar, relajarte y rejuvenecerte. Mientras lo haces, tus deseos intelectuales comenzarán a surgir una vez más. No es necesario que sean días o semanas. Podrían ser dos horas el domingo por la tarde a la misma hora cada semana.

Nuestro deseo intelectual es grande. Y antes de cerrar, me siento obligado a advertirles sobre un problema. Muchas personas con las que hablo me explican que sus deseos y necesidades intelectuales se satisfacen a través de su trabajo profesional. Esta evaluación puede parecer razonable a primera vista, pero la realidad es que este escenario representa una seria amenaza para tu bienestar general.

Déjame explicar. Hay muy pocas personas cuyo desarrollo profesional esté alineado con el auténtico desarrollo humano y el desarrollo espiritual que nuestra fe proporciona. Si dicho desarrollo profesional no está alineado, está desalineado. Para defender tu integridad y dignidad, es fundamental que tu desarrollo espiritual-intelectual sea al menos igual a tu desarrollo profesional-intelectual. Sin este equilibrio, el resultado inevitable será que tú y tu vida se desalinearán cada vez más con tus valores y prioridades. Un coche con una alineación cada vez más deficiente acabará tarde o temprano en una zanja.

¿Qué tan plenamente vivo te sientes intelectualmente en este momento de tu vida? Aumenta tu compromiso intelectual leyendo un buen libro espiritual cada mes durante un año. Eso equivale a unas cinco páginas al día y eso cambiará tu vida.

Nutre tus deseos intelectuales. Alimenta tu mente.

La expresión final del deseo humano de explorar es el deseo espiritual. Pero para comprender plenamente la dinámica del deseo espiritual, primero es necesario explorar una cuestión crucial.

EL DESEO MÁS ALLÁ DEL DESEO

Detrás de cada deseo hay un deseo más revelador.

La mayoría de las personas no tienen la menor idea de lo que quieren. Eso no es un juicio; es sólo una observación. No es su culpa. Quizás nunca les enseñaron cómo querer, qué querer y por qué querer algunas cosas es mejor que querer otras. Pero no podemos cambiar el pasado, y en este punto de tu vida resulta que saber lo que quieres es importante. Es muy importante.

Si le preguntas a la gente qué quieren, te darán una respuesta vaga, general e intachable (al menos desde una perspectiva mundana). «Quiero ganarme la lotería». O te darán una respuesta que te dirá lo siguiente que quieren, el siguiente peldaño en la escalera del deseo, pero que en realidad no revela su verdadero deseo. «Me gustaría un ascenso». Otros propondrán algo tan completamente inalcanzable que los abdicará de cualquier responsabilidad de perseguirlo.

Otros han pensado mucho sobre la pregunta y sus respuestas lo reflejan. «Tengo muchas ganas de ser un buen padre». «Quiero un matrimonio mejor. Sé que es importante, pero llevo tanto tiempo quitándole prioridad que no sé por dónde empezar». «Sé que mi cuerpo es un templo del Espíritu Santo y me gustaría aprender a tratarlo con más respeto».

Y otros responderán negativamente. «Ya no quiero estar en quiebra». «No quiero sentirme atrapado». «Ya no quiero sentirme ansiosa ni deprimida». «No quiero estar solo».

Para descubrir lo que deseas de manera significativa, lo primero que debes hacer es darte un poco de pista. Se necesitan 7.500 pies de pista para elevar un avión Boeing 747 en el aire, y se necesita aproximadamente el equivalente a una pista existencial para descubrir qué es lo que deseas.

Hay un hermoso versículo en el Libro de Proverbios al que vuelvo una y otra vez. «Donde no hay visión, el pueblo perecerá» (Proverbios 29, 18). Si sientes que estás pereciendo, incluso en pequeñas cosas, hay muchas posibilidades de que no tenga una visión.

Es hora de tener una visión.

El primer paso es tener claros tus valores principales. No tiene sentido tener una lista de 192 cosas. El propósito de estos valores primarios es utilizarlos como instrumentos de navegación a lo largo del día. Debes poder hacer una pausa por un momento en medio de un día ajetreado y preguntarte: «¿Lo que estoy considerando hacer se alinea con mis valores?» Quizás tus valores principales sean la paciencia, la bondad, la humildad, la generosidad y el amor. Al decidir qué hacer en una situación determinada, mides lo que estás pensando hacer con esos valores y ves si se alinean.

Estos valores son necesarios para tener visión. Elige tres, cuatro o cinco para ti. No recomiendo más de cinco.

El siguiente paso es superar las tonterías actuales que dominan tu vida. Tener una visión no es resolver problemas. Son dos actividades muy diferentes. Uno se centra en una situación inmediata y el otro se centra en tu futuro. Si no eliges un período de tiempo más allá de tu conjunto actual de circunstancias complicadas, no tendrás ninguna visión. Te verás envuelto en la resolución de problemas.

Tu mejor futuro está más allá de tus circunstancias actuales sin sentido y desordenadas. Es por eso que tu visión debe abarcar lo suficientemente lejos como para que no necesites pensar en estas cosas, o lo suficientemente lejos como para que estés seguro de que puedes lidiar con tus tonterías y circunstancias existentes.

Imagina tu vida dentro de un año. ¿Qué quieres estar haciendo? ¿Con quién quieres pasar tu tiempo? ¿Donde quieres estar? ¿Cómo serás un mejor ser humano dentro de un año si cumples con los valores que tú mismo has elegido?

Escríbelo todo. No juzgues lo que quieres. Podrás separar el trigo de la paja más tarde. No te limites a escribir todas las cosas buenas. El corazón humano está dividido y anhela cosas que pueden destruirlo. No tiene sentido fingir. Eso es sólo una pérdida de tiempo. Sé honesto. Incluso sobre tus deseos egoístas. Incluso sobre tus deseos oscuros. Ignorarlos no hará que desaparezcan. Nombrarlos te permitirá entenderlos, quizás no del todo, pero sí de forma parcial y gradual. Y sólo así aprenderemos a dirigirlos e integrarlos de forma saludable. Escribe las cosas egoístas que quieres hacer, tener y experimentar. Tráelos a la luz. Así es como los tratamos. Lo bueno, lo malo, lo feo, simplemente escríbelo.

A continuación, haz lo mismo proyectando tres años y también cinco años en el futuro.

He guiado a decenas de miles de personas a través de este ejercicio. Llevo tres décadas ayudando a la gente a imaginar un futuro mejor y más grande. Pero recientemente me di cuenta de una cosa: tu mejor futuro puede ser un futuro más pequeño.

Esto es radicalmente contrario a todo lo que nos enseña nuestra cultura, que siempre es «más» y «más grande». Es posible que nunca lo hayas considerado antes, por lo que podría ser el momento de considerar la posibilidad de que tu mejor futuro sea un futuro más pequeño.

¿Qué deseas? Parece una pregunta sencilla. No lo es. Es una pregunta extraordinariamente difícil de responder.

La tentación es conformarse con una falsa certeza. Nuestras mentes a veces prefieren la falsa certeza a la tensión incómoda que produce la incertidumbre.

A menudo vemos esto con los estudiantes de secundaria. Algunos afirmarán saber con absoluta certeza qué van a hacer con el resto de sus vidas aunque solo tengan catorce o dieciséis años. Quizás lo sepan. Pero es posible que se sientan tan incómodos con la incertidumbre que se obliguen a decidir, prefiriendo la falsa certeza a la honesta incertidumbre de la situación.

¿Qué deseas? ¿Por qué es tan difícil responder esta pregunta? Porque es como un trozo de cuerda que un cachorro ha agarrado y está procediendo a desenredar todo el rollo de cuerda.

El secreto es descubrir el deseo más allá del deseo.

Una amiga tuya está buscando el amor. Si le preguntas qué está buscando, te dirá con confianza y claridad que quiere casarse con un tipo particular de hombre, pero que hay tres cosas no son negociables para ella y las enumera.

La búsqueda continúa durante años. La búsqueda incumplida se convierte en la principal fuente de angustia en su vida y el lugar al que va a tirar toda la basura de su cabeza.

Pero a pesar de todo esto, el hombre deseado finalmente entra en su vida. Cumple con todos los criterios. Pasa la prueba de los requisitos no negociables. Él le presta atención, quiere ayudar a que sus sueños se hagan realidad y la aprecia más de lo que ella jamás imaginó que lo haría un hombre.

Tu amiga que buscaba el amor ha encontrado el amor. . . pero aún falta algo.

¿Cuál era el deseo más allá del deseo? Puede que ella estuviera consciente de ello, pero en muchos casos, las personas no están conscientes de estos deseos que están enterrados profundamente en el inconsciente.

¿Cuál era el deseo más allá del deseo? El amor propio. Ella no se amaba a sí misma. Tu amiga pensó que si encontraba al hombre adecuado, si encontraba el amor, algo cambiaría. Esperaba que él la amara, y ella lo amaría, y en algún lugar de todo eso aprendería a amarse a sí misma. Pero no lo hizo.

Hay maneras de aprender a amarnos a nosotros mismos como Dios nos ama, pero las relaciones románticas rara vez son el lugar para hacerlo.

Otro amigo quiere tener éxito. Tiene motivación y es trabajador. Está obsesionado con su camino hacia el éxito. Nunca puede relajarse y disfrutar el momento presente, porque la atracción del futuro es demasiado grande. Trabaja más duro que cualquier persona que hayas conocido en una década, tal vez dos. Y finalmente lo logra, alcanza el pináculo que eligió reclamar. Es dueño del negocio que siempre quiso tener, o tiene el rol que quiso tener, o quizás tiene el patrimonio neto que se propuso alcanzar...

Pero... todavía falta algo.

«¿Qué pasa contigo?» le preguntas «Tienes todo lo que siempre quisiste».

El problema es la necesidad no descubierta más allá de la necesidad.

¿Cuál era su deseo más allá del deseo? Tenía un padre que le decía que nunca tendría éxito en nada y una madre que se negaba a sentirse orgullosa e impresionada porque eso le quitaba atención.

¿Cuál era el deseo más allá del deseo? Quería que sus padres lo amaran y estuvieran orgullosos de él. Pero su padre ya había muerto y su madre era demasiado narcisista y, por lo tanto, incapaz de satisfacer las necesidades y deseos muy reales de tu amigo.

Y así, hemos llegado al callejón sin salida al que llega tanta gente. El callejón sin salida para conseguir lo que queremos. Llegan aquí preguntando una y otra vez ¿qué quiero? Con gran esfuerzo y trabajando fuerte, ellos logran lo que querían. Es impresionante y admirable porque muchos otros desisten en el camino. Pero estos pocos llegan al callejón sin salida y se desilusionan porque pensaron que sería más satisfactorio obtener lo que querían.

Realmente no es un callejón sin salida. Pero, lamentablemente, hay muy pocos guías dispuestos o capaces de llevar a las personas más allá del callejón sin salida para conseguir lo que queremos.

El secreto es seguir haciendo una pregunta diferente, para siempre, en cada situación y de maneras nuevas y diferentes: ¿Cuál es el deseo más allá del deseo?

¿Estás listo para descubrir la respuesta definitiva a esa pregunta?

CAPÍTULO CINCO: EL DESEO DEFINITIVO

ESE SENTIMIENTO MOLESTO

Cuando eras niño, tenías sueños para tu futuro. A medida que creciste, esos sueños cambiaron. En algún momento del camino dejaste de soñar y comenzaste a concentrarte en las realidades de la vida cotidiana. Todos lo hacemos. Tenías cuentas que pagar, buscaste trabajo, tuviste que encontrar un lugar donde vivir y tus sueños quedaron desplazados.

Y, sin embargo, de vez en cuando, hay una sensación molesta que te interrumpe cuando estás cocinando, afeitándote, conduciendo al trabajo, viendo a tus hijos jugar fútbol o a altas horas de la noche cuando no puedes dormir. Y ese sentimiento molesto va acompañado de pensamientos y preguntas: ¿Es esto todo? Tengo más para ofrecer. Algo falta, algo está faltando . Debe haber más en la vida. ¿Qué estoy haciendo mal?

¿Suena familiar?

Maldices en silencio ese sentimiento molesto y tratas de pensar en otra cosa. Crees que te está criticando. No está criticándote. Crees que te está diciendo que fracasaste. No fallaste. Crees que es un enemigo. No lo es. Todo lo contrario. Es un buen y verdadero amigo.

Ese sentimiento persistente es el gran ecualizador.

Te corroerá tanto si eres el director ejecutivo de una corporación multinacional como si vendes drogas en una esquina. No presta atención a nuestra riqueza o pobreza, a nuestra enfermedad o salud, a nuestra edad o nacionalidad. No importa si te acaban de abandonar o te casaste, acabas de conseguir un ascenso o te despidieron, acabas de ganar la lotería o te declaraste en quiebra, acabas de anotar el touchdown ganador en la Superbowl o sufriste una lesión que puso fin a tu carrera. Continuará recordándote que tienes más que ofrecer, que falta algo, que hay más en la vida y que fuiste hecho para más.

Y en algún lugar muy dentro de ti, sabes que ese sentimiento molesto es correcto.

Podrías decirte a ti mismo que desaparecería si tuvieras más dinero, diferentes amigos, más placer, más logros o más posesiones. Pero no lo hará.

Quieres arreglarlo o hacer que desaparezca. Quieres darle lo que quiere, pero nadie te enseñó nunca cómo hacerlo.

Intentas convencerte de que lo que realmente necesitas hacer es cambiar tu vida y perseguir tus sueños de infancia. Pero eso tampoco es todo. Los sueños de nuestra infancia nos sirven enseñándonos cómo soñar. Pero nuestros corazones jóvenes rara vez tropiezan con el sueño supremo.

¿Qué pasa si el sueño no considerado es el único que vale la pena perseguir?

Puede parecer difícil de creer, pero hay una posibilidad inexplorada que es más crucial y encantadora que todas las demás. Y es ese sueño no considerado el que necesita tu consideración ahora.

Ese sentimiento persistente continuará corroyéndote hasta que lo hagas bien. Ese es su trabajo. Se preocupa demasiado por ti como para detenerse.

¿Qué tienes que entender bien? Buena pregunta. El deseo dominante de tu corazón.

EL DESEO DOMINANTE DE TU CORAZÓN

Déjame explicar . Hablamos antes de los pocos deseos vitales y de los muchos deseos triviales. Discutimos lo importante que es abandonar lo trivial y perseguir lo vital. Pero este camino no termina con los pocos deseos vitales.

Primero debemos escapar de los muchos deseos triviales para darnos cuenta de que muchos de nuestros deseos son triviales. Esto nos enseña que existe una jerarquía de deseo. No todos los deseos son iguales, y si eso es cierto, un deseo debe ser superior a todos los demás.

Eliminar nuestro rebaño de deseos ayuda a vislumbrar la cumbre definitiva. Una vez que aprendemos a descartar nuestros deseos triviales, podemos continuar reduciéndolos hasta llegar a la cima del deseo singular, la cima de la vida espiritual.

Nuestra búsqueda es un camino hacia lo singular. Estamos en busca del único deseo que satisfará nuestros corazones inquietos, confusos y solitarios.

Siempre hay un deseo dominante en nuestros corazones. A menudo es el deseo equivocado, generalmente de importancia secundaria, pero siempre hay un deseo que domina. No dos, tres o cinco. Uno.

Nuestros corazones fueron hechos para una devoción singular. No les va bien cuando intentamos centrarlos en muchas cosas. Prosperan con un enfoque singular.

W. Clement Stone observó: «La precisión del propósito es el punto de partida de todo logro». La mayoría de la gente nunca llega allí. Es la tragedia más grande de la vida, porque vivir toda nuestra vida sin esta definición de propósito es vivir a medias en el mejor de los casos y vivir mal en el peor.

Pero la gran mayoría de la gente nunca enfoca sus vidas. Se meten en esto y aquello, se meten en todo tipo de cosas, pero nunca centran sus corazones en el deseo singular más allá de todo deseo. Esto no es un juicio, sólo una observación. No los culpo. Nunca les enseñaron lo que estamos discutiendo ahora.

Es hora de dejar de incursionar. ¿Estás listo?

No puedes vivir la vida al máximo sin establecer este deseo singular. Un deseo por encima de todos los demás. Un deseo por el cual estás dispuesto a sacrificar todos los demás.

Perseguir tu único deseo candente sólo se puede lograr con un enfoque único. Demasiados deseos dispersos conducen al fenómeno que llamamos tibieza.

Este ardiente deseo no es de placer físico. Las limitaciones del placer físico simplemente nos llevan a la realidad superior del placer espiritual. La principal limitación del placer físico es que no puede sostenerse más allá de la actividad que lo produce, y esa actividad no puede sostenerse continuamente. Y deseamos un placer continuo porque fuimos creados para un placer continuo. No placer físico, sino que placer espiritual.

Tu corazón necesita la claridad y la intencionalidad de un deseo dominante singular. Esta es la respuesta a ese sentimiento molesto.

Has intentado perseguir deseos dominantes singulares en el pasado. Es posible que hayas centrado tu corazón en un interés amoroso o en un logro, en una posesión material específica o en un determinado tipo de placer físico. Pero estos nunca funcionaron. Nunca lo hacen. No pueden. Son incapaces. Y te quedaste con ganas de más porque fuiste hecho para más.

Todos queremos que nuestras vidas cambien. Quizás no del todo, pero de alguna manera. Pero somos pacientes enfermos que nos negamos a tomar el medicamento que nos curará.

¿Alguna vez has conocido a alguien que se negó a tomar los medicamentos que necesitaba desesperadamente? Si es así, entonces podrás vislumbrar cuán frustrado debe estar Dios con nosotros a veces.

PREGUNTAS SIN RESPUESTA

Y así, nos quedan tres preguntas sin respuesta.

¿Cómo cambiamos nuestras vidas?

¿Cuál es el deseo más allá de cada deseo?

¿Cuál es el deseo singular dominante en el que debemos centrar nuestro corazón?

El primero es fácil. Cambiamos nuestras vidas cambiando el objeto central de nuestra atención. La segunda y tercera preguntas comparten la misma respuesta. Exploremos esa respuesta y luego volveremos a discutir cómo cambiamos el objeto central de nuestra atención.

El papa Juan Pablo II fue elegido como el 264º sucesor de San Pedro el 16 de octubre de 1978. En junio del año siguiente regresó a su amada Polonia para visitar a un pueblo que sufría. Durante nueve días, el nuevo papa electrizó al país y señaló al mundo entero que su papado sería como ningún otro.

El catolicismo había sido una parte rica de la historia de Polonia. Más que una simple religión, muchos consideraban que la Iglesia era la depositaria de la cultura polaca y la protectora de la tradición polaca durante los largos períodos de dominación extranjera del país.

Polonia todavía estaba bajo el dominio comunista ruso cuando el papa Juan Pablo II la visitó en 1979. El gobierno soviético le advirtió que no viniera, pero no se dejó persuadir, y el impacto político, espiritual e histórico de su visita reformó la Polonia moderna.

La posición oficial del partido comunista era que la religión era «el opio de las masas» y que la fe era irrelevante e innecesaria. Se ordenó a los profesores que dijeran a sus alumnos que el papa Juan Pablo II era un enemigo peligroso y la cobertura de los medios de comunicación polacos fue fuertemente censurada para limitar la exposición del papa en su tierra natal.

Pero su mensaje fue nítido, claro y convincente, y durante esos nueve días históricos en los que el pueblo de Polonia salió en cantidades récord para darle la bienvenida a casa y celebrar juntos su fe y su país perseguidos. Trescientas mil personas asistieron a su misa de apertura en la Plaza de la Victoria. Más de tres millones asistieron a su misa final ocho días después en Cracovia.

El papa Juan Pablo II preguntó a la multitud si estaban dispuestos a asumir las responsabilidades de la fe en medio de las circunstancias actuales de su país. ¿Y qué respondieron estas enormes multitudes que vivían bajo el escrutinio y las amenazas del comunismo? Ellos espontáneamente respondieron: «¡Queremos a Dios! ¡Queremos a Dios!»

Ahí está la respuesta a nuestras preguntas.

¿Cuál es el deseo más allá de cada deseo? Dios. ¿Cuál es el deseo singular dominante en el que debemos centrar nuestro corazón? Dios.

ASÍ ES COMO CAMBIAMOS NUESTRAS VIDAS

Entonces, ¿cómo reorientamos nuestra vida singularmente hacia Dios? ¿Cómo cambiamos el objeto central de nuestra atención?

Así respondió una monja carmelita anónima hace casi cien años a estas preguntas:

«Un cambio real en nuestra actitud sólo ocurrirá cuando cambiemos el objeto central de nuestra atención, y cuando, en lugar de que ese objeto sea el yo, pase a ser Dios. Cuando, cada vez menos, nos encontramos pidiendo a Dios que haga milagros por nosotros y, en cambio, nos dedicamos a preguntar qué podemos hacer por él. Cuando, en lugar de observar a Dios para ver qué regalo nos producirá, comenzamos a esperar a Dios para ver qué podemos darle, si es que podemos darle algo».

Así cambia nuestra vida: haciendo de Dios el objeto central de nuestra atención. Ni el yo ni el éxito, ni el orgullo, la avaricia, la lujuria, la envidia, la glotonería, la ira o la pereza. Dios.

Tiene sentido. Cuanto más pienso en mí mismo, más infeliz me vuelvo. Cuanto más me pongo a disposición de Dios, más feliz me vuelvo. Cuanto más me dedico a servir a mi prójimo, más se inunda mi alma de alegría.

¿Cuál fue el objeto central de tu atención cuando te despertaste esta mañana? ¿Cuál será el objeto central de tu atención cuando te despiertes mañana? ¿Cambiará tu vida?

Hay un momento durante la misa en el que el pan y el vino ya no son simplemente pan y vino, sino que se transforman en el cuerpo, la sangre, el alma y la divinidad de Jesucristo. Ese momento de transformación es inimaginablemente poderoso.

Hay un momento en nuestras vidas en el que el objeto central de nuestra atención ya no es algo mundano, cuando nuestra atención singular cambia y, a partir de ese momento, el objeto central de nuestra atención se convierte en Dios. Ese momento es inimaginablemente poderoso.

Espero y rezo con todo mi ser para que este momento sea ese momento para ti.

LA CAUSA DE NUESTRO DOLOR

Ahora tienes que tomar una decisión. ¿Continuarás enredado en una miríada de deseos mundanos o te fijarás de una vez por todas en el propósito definido para el cual fuiste creado?

La decisión es tuya.

Si no eliges cambiar de todo corazón el objeto central de tu atención, si eliges no colocar a Dios en el centro candente de los deseos de tu corazón, puedes esperar que sucedan tres cosas.

Primero, aumentará tu frustración con la vida. Sin este cambio que estamos discutiendo, tu progreso espiritual será drásticamente limitado independientemente de otros esfuerzos que hagas. Es por eso que a menudo sentimos que estamos dando vueltas, como si no estuviéramos llegando a ninguna parte. Podrías dedicarte las veinticuatro horas del día a las mejores actividades y devociones espirituales, pero si no haces de Dios el objeto central de tu atención, progresarás muy poco en la vida espiritual. Y trabajar tan duro y lograr tan pocos avances será cada vez más frustrante.

A continuación, experimentarás más dolor y sufrimiento. Este no es un deseo sádico; es solo una observación de la realidad. La mayor parte de nuestro dolor es causado por la brecha entre lo que queremos y lo que Dios quiere para nosotros. Este dolor es el resultado de la brecha entre la vida que vivimos y la vida que estamos llamados a vivir. Cuando ignoras tu conciencia a favor de la búsqueda egoísta de esta semana, sufrirás angustia mental y espiritual. La brecha causa dolor. Sufrirás cuando la vida que estás viviendo no está alineada con lo que crees que es bueno, verdadero, correcto y justo. Cuando vives una vida separada de tus valores, sufres. Es imposible que la brecha entre nuestra voluntad y la voluntad de Dios produzca paz, gozo, amor y felicidad. La brecha entre ambos siempre causará dolor y sufrimiento.

Y finalmente, experimentarás una cantidad cada vez mayor de problemas.

Irás corriendo de aquí para allá, tratando de resolver todo tipo de problemas a medida que surjan, pero tan pronto como uno parezca controlado, surgirá otro. La velocidad de tu vida aumentará, tu frustración hacia todos y hacia todo aumentará y gradualmente perderás la capacidad de disfrutar el momento presente. Estarás demasiado obsesionado con el próximo problema que hay que resolver como para disfrutar del precioso presente que Dios desea darte.

Todo esto será el resultado de que no hayas aprendido una de las lecciones centrales de la vida: no estamos aquí para resolver los problemas; los problemas están aquí para resolvernos. Todos tenemos problemas. Pero el verdadero problema es que no entendemos el papel que los problemas están diseñados para desempeñar en nuestras vidas. Creemos que estamos aquí para resolver los problemas. Pero si pudieras hacer un inventario de todos tus problemas y resolverlos de la noche a la mañana, te despertarías con nuevos problemas por la mañana. No estamos aquí para resolver los problemas; los problemas están aquí para resolvernos a nosotros.

Esto no significa que nos sentemos e ignoremos nuestras obligaciones y dejemos que estos problemas nos envuelvan. Significa que abordemos los problemas con calma, no nos apresuremos a resolverlos y que trabajemos para resolverlos bien. Este enfoque para la resolución de problemas permite que los problemas agudicen nuestro carácter, refinen nuestra voluntad, nos ayuden a crecer en virtud, nos purifiquen y nos hagan santos.

Deja que tus problemas te resuelvan.

LA ÚNICA TRAGEDIA

Tu deseo más profundo —«el deseo de tu corazón» (Salmo 37)— es llegar a ser santo. Cuando hablo con mis hijos acerca de convertirse en santos, me hacen preguntas que me dejan claro que nuestros tiempos necesitan un tipo diferente de santo. Pero luego recuerdo que cada época necesita un tipo diferente de santo. Así que deja de lado tu resistencia y prejuicios basados en lo que crees que es un santo y abre tu corazón a nuevas posibilidades.

«La única tristeza real, el único fracaso real, la única gran tragedia en la vida es no convertirse en santo». Estas son palabras del novelista francés Léon Bloy.

El sentimiento molesto del que hemos estado hablando busca salvarte de esta tristeza. Ese sentimiento persistente anhela liberarte de este fracaso. Y ese sentimiento molesto actúa para ayudarle a evitar esta tragedia.

Tu deseo más profundo coincide perfectamente con el propósito de tu vida.

Tiene sentido porque tenemos deseos inexplicables. Explica la insatisfacción que tan a menudo plaga nuestras vidas. Es Dios quien nos dio esos deseos y anhela explicar nuestros deseos inexplicables. Es Dios quien nos creó para más y anhela reemplazar nuestra insatisfacción con una satisfacción absoluta.

C.S. Lewis observó: «Si encuentro en mí deseos que nada en este mundo puede satisfacer, la única explicación lógica es que fui hecho para otro mundo».

Teresa de Lisieux señaló: «Dios nunca me inspiraría deseos que no puedan realizarse».

Y no hay nada más famoso que la intuición de Agustín: «Nos has hecho para ti, oh Señor, y nuestro corazón está inquieto hasta que descanse en ti».

Tiene sentido. La sensación molesta era correcta todo el tiempo. Fuiste hecho para más.

Las cosas de este mundo son maravillosas y Dios las creó para que tú las disfrutes. Pero ten cuidado de no amar el regalo más que a quien lo da. Aquí es cuando nuestras prioridades comienzan a torcerse y distorsionarse. Es entonces cuando el objeto central de nuestra atención pasan a ser las cosas de este mundo.

Este mundo es fabuloso, pero tú no fuiste hecho sólo para este mundo.

Fuiste hecho para otro mundo. Y si pasas todo tu tiempo aquí en la tierra viviendo sólo para este mundo, nunca serás feliz. El único camino verdadero hacia la felicidad es seguir el deseo más profundo que Dios ha puesto en tu corazón.

Tu deseo más profundo es uno del que el mundo no te hablará porque este mundo no puede cumplirlo. Si vas a una tienda a comprar ropa nueva, el vendedor no te habla de un conjunto increíble que sería perfecto para ti y luego te dice que no vende ese conjunto. No. El vendedor intenta convencerte que compres lo que tiene en la tienda. Y lo mismo ocurre con el mundo: sólo vende lo que tiene para ofrecer. Y por muy maravillosas que sean esas ofrendas, no son suficientes para ti.

Cuando vas a un restaurante, ¿lees el menú completo? La mayoría de la gente no lo hace. Exploran el menú en busca de algo familiar. La mayoría de nosotros nos saltamos secciones enteras del menú. Algunas personas nunca leen los aperitivos. Otros ignoran la lista de sopas. Recientemente me di cuenta de que no miré la página con ensaladas. Simplemente la salté.

La mayoría de la gente ni siquiera sabe qué hay en el menú de la vida. Eligen lo primero que les llama la atención y piden una vida mucho menos que la vida que Dios soñó para ellos. Es hora de mirar todo el menú.

Hay un elemento en ese menú que vale la pena perseguir más que cualquier otro: una vida de santidad.

¿Cómo te sientes sobre eso? ¿Sientes que la resistencia aumenta en ti? Esta bien . Está conscientes de esa resistencia pero quédate conmigo sólo un poco más. El final vale la pena esperar.

La razón por la que nos resistimos al concepto de santidad es doble: primero, tenemos concepciones falsas sobre lo que es y segundo, no creemos que sea posible. Esta es la mentira más grande en la historia del cristianismo.

La santidad es la meta de la vida cristiana. Es el propósito esencial de tu vida. Puede que nunca te hayan dicho esto, pero eso no lo hace menos cierto.

Mi corazón se siente atraído en este momento por algunas palabras que escribí hace más de veinticinco años, cuando tenía poco más de veinte años, cuando recién comenzaba este trabajo.

«Si puedes distraer a una persona de su propósito esencial durante el tiempo suficiente, se sentirá miserable. Si puedes evitar que toda una generación descubra su propósito esencial, crearás una epidemia de miseria y desesperación».

¿No es esto lo que ha pasado?

«La mayor tragedia del catolicismo moderno es la forma en que nos hemos distraído tanto de la meta de la vida cristiana. Mi experiencia ha sido que la gran mayoría de los católicos no conocen el objetivo de la vida cristiana. Otros han dejado de lado el ideal, diciendo que no es propicio para la vida moderna. Trágicamente, muchos más nunca lo han escuchado claramente articulado.

«La santidad es la meta de la vida cristiana.

«Aunque soy demasiado joven para saberlo por experiencia propia, me parece que en algún momento muchos educadores y sacerdotes dejaron de enseñar, predicar y hablar sobre este objetivo. Parece que sintieron que era un ideal inalcanzable o simplemente poco realista en el contexto cambiante del mundo moderno. Pensaron que hacía que la gente se sintiera culpable. Al parecer querían hacerlo más fácil para la gente. Entonces, desecharon o diluyeron la gran meta de la vida cristiana.

«El resultado, por supuesto, fue exactamente el contrario de lo que habían pretendido. No lo hicieron más fácil para la gente; lo hicieron más difícil. ¿Alguna vez has tratado de encontrar el camino a un lugar en el que nunca has estado antes sin indicaciones, sin mapas y sin una descripción clara del destino?»

Es hora de reorientarnos. Nos hemos dejado hipnotizar por las complejidades del mundo moderno.

Nuestra fe es sencilla y hermosa. Y es posible vivirla de maneras nuevas y emocionantes, aquí y ahora, en nuestros tiempos. Tu personalidad y circunstancias, tus necesidades, talentos y deseos son dones que te ayudarán a vivir la fe de una manera profundamente personal.

La santidad es simplemente la aplicación de los valores, principios y espíritu del Evangelio a las circunstancias de nuestra vida cotidiana, momento a momento. No es complicado. Es increíblemente simple.

Se necesita un nuevo tipo de santidad. Uno que confunda las expectativas. Una nueva generación de santos. Hombres y mujeres valientes que acojan de todo corazón la vida y las enseñanzas de Jesús y las vivan creativamente.

Y aquí está la buena noticia: la santidad es posible. Cualquiera que te diga lo contrario está confundido o es un mentiroso, pero de cualquier manera está absoluta y completamente equivocado.

La santidad es posible para ti. Un momento a la vez . Ponte a la tarea de crear Momentos Santos. No perturbes tu corazón, mente y alma con la carga de vivir una vida santa. Cada vida es una colección de momentos. Aprovecha esos momentos.

Haz de Dios el objeto central de tu atención por un solo momento y habrás cambiado el impulso de tu vida. Tal es el poder sin explotar que encierran los momentos solitarios.

¿Qué es un momento santo?

Un momento santo es un momento único en el que te abres a Dios. Te pones a su disposición. Dejas de lado las preferencias personales y el interés propio, y en ese momento, haces lo que en oración crees que Dios te está llamando a hacer.

La santidad es posible, un momento a la vez.

Algunos momentos son santos, otros son impíos y tú decides.

Estos momentos santos, estas pequeñas colaboraciones con Dios, desatan una alegría pura y absoluta en nuestras vidas. Permite que Dios inunde cada rincón de tu ser con esa alegría pura y absoluta colaborando con él para crear momentos santos.

Comienza hoy. Una de las cosas hermosas de esta idea es que puedes implementarla de inmediato. No es necesario estudiarlo durante años. No se necesitan calificaciones especiales. Esto por sí solo demuestra el poder del principio de los momentos santos.

Estás equipado ahora mismo para colaborar con Dios y crear momentos santos. Sabes todo lo que necesitas saber ahora mismo para comenzar a activar los momentos santos en tu vida. Entonces, comienza hoy.

Y aquí está lo hermoso. Si puedes colaborar con Dios para crear un momento santo hoy, puedes crear dos mañana, cuatro al día siguiente y ocho al día siguiente. No hay límite para la cantidad de momentos santos en los que puedes participar.

El deseo más allá de todo deseo es Dios. Nos alineamos con Dios un momento a la vez.

LA CITA INEVITABLE

Estaba pensando en algo que tengo que hacer mañana. No quiero hacerlo. Quizás lo cancele. Tengo esa opción.

Hay cosas en esta vida que se pueden evitar y otras que son inevitables. En lo más alto de la lista de obligaciones inevitables que tenemos está una cita.

Esa cita es con la muerte.

Séneca el Joven, el filósofo estoico romano, escribió un pequeño volumen alrededor del 49 d.C. Se tituló *Sobre la brevedad de la vida*. Argumentó que más que la vida misma sea corta, la desperdiciamos.

«La gente es frugal en la protección de sus bienes personales, pero cuando se trata de malgastar el tiempo, desperdician más aquello en lo que está bien ser tacaño.

«No es que tengamos poco tiempo para vivir sino que desperdiciamos mucho. La vida es bastante larga y se nos ha dado una cantidad suficientemente generosa para alcanzar los más altos logros, si todo estuviera bien invertido. Pero cuando se desperdicia en lujos irresponsables y en actividades que no son buenas, al final nos vemos obligados por la limitación final de la muerte a darnos cuenta de que ha fallecido antes de que supiéramos que estaba pasando. Así es: no se nos da una vida corta, sino que la acortamos, y no estamos mal abastecidos sino que la desperdiciamos... La vida es larga si sabes cómo usarla».

La muerte nos llega a todos, tarde o temprano. No sabemos cuándo, pero sabemos con certeza que llegará. Y cuando llegue, no le importará en absoluto tu fama, riqueza, educación, logros, posesiones, conexiones o poder.

Cuando la muerte se acerca, la persona en la que te has convertido se encuentra con la persona que podrías haber sido. Este es un encuentro humillante.

No esperes a que la muerte te brinde este encuentro. Sal a su encuentro cada día. Pasa tiempo cada día en el aula de silencio, en comunión con Dios. Reúnete con la persona en la que eres capaz de convertirte durante unos minutos cada día en lo más profundo de la oración.

Cuanto más tiempo pases en estas reuniones, menos temerás a la muerte. Y estos encuentros te enseñarán cómo aprovechar tus pensamientos, palabras, decisiones y acciones para cerrar la brecha entre quién eres hoy y quién eres capaz de ser.

Cuanto más profundamente entres en el silencio y la soledad de estos encuentros de oración, más claramente escucharás la voz de Dios en tu vida. Él te hablará a través de sus necesidades, talentos y deseos y, a menudo, utilizará estas voces comunes para indicarte el siguiente paso en tu viaje. Resiste la tentación de obsesionarte con lo que debes hacer la próxima semana o el próximo año. Confórmate con que él te muestre tu próximo paso.

Simplemente sigue dando el siguiente paso. Un paso a la vez . Simplemente sigue haciendo lo siguiente que sea correcto. Este es el camino de la santidad. Este es el camino que conduce a una vida profundamente plena. Este es el camino que te llevará a la unidad con Dios. Esta unión con Dios es el deseo más profundo de nuestro corazón: el deseo supremo más allá de todo deseo.

«Deleítate en el Señor, y él te concederá los deseos de tu corazón» (Salmos 37, 4).

EPÍLOGO:
VEN A LA TRANQUILIDAD

TEME A LAS COSAS CORRECTAS

Si nuestras vidas no están regidas por la fe, entonces estarán regidas por el miedo.

Tememos muchas cosas, pero los miedos que permitimos que se apoderen de nuestras vidas suelen ser nimiedades en comparación con las realidades que vale la pena temer. Al comienzo de este libro, compartí contigo uno de mis miedos.

Debo advertirte que empieces. Me veo obligado a decirte algo aterrador. Todos tenemos miedos, pero a la mayoría de nosotros no nos aterroriza lo que debería petrificarnos. Déjame decirte lo que me aterroriza. Estoy petrificado de vivir mal mi vida.

Puedes vivir mal tu vida. La mayoría de la gente nunca lo considera una posibilidad, pero es verdad. Asumimos que todas las vidas están bien vividas. No es verdad. Nos engañamos a nosotros mismos.

La inquietante verdad es que ni siquiera es necesario hacer algo significativamente atroz. Puedes hacerlo de las formas más mundanas y comunes. Todo lo que se necesita es la aplicación consistente de la mediocridad, la pereza, la procrastinación, el egocentrismo y el materialismo.

Pero quizás la parte más desgarradora de todo esto es que al vivir mal tu vida nunca podrás ver o experimentar la vida que Dios imaginó para ti. Te pierdes la vida que Dios quería darte. Eso es desgarrador.

Al escuchar la voz de Dios, le damos la oportunidad de guiarnos hacia la vida que imaginó para nosotros desde el principio de los tiempos.

Dios te dio necesidades, talentos y deseos para equiparte de manera única para la vida y la misión para la que te creó. Él también te habla a través de la oración y los Sacramentos, las Escrituras y la vida de la Iglesia, la historia, los profetas, los santos y los místicos, la gente común que llega a tu vida, las visiones y los sueños, y la suave voz interior que llamamos conciencia.

El error que cometemos es escuchar todas las demás voces que gritan, susurran o vociferan en nuestras vidas. Echemos un vistazo a cuáles son algunas de esas voces y cómo nos afectan.

TODAS LAS OTRAS VOCES

Hay una historia que escuché por primera vez hace muchos años y que me viene a la mente esta tarde mientras termino este manuscrito.

Un policía ve a un hombre borracho buscando algo bajo una farola y le pregunta qué ha perdido. El borracho le explica al policía que perdió su llave.

El policía, por compasión, ayuda al borracho a buscar su llave. Juntos buscan febrilmente la llave bajo la farola, pero sin éxito.

Después de unos quince minutos, el policía le pregunta al borracho si está seguro de que se le cayó la llave aquí, junto al poste de luz.

«No», responde el borracho, «creo que lo perdí allí», señalando un tramo de acera muy oscuro más abajo en la calle.

«Entonces, ¿por qué estás mirando aquí?» pregunta el policía desconcertado. «Aquí hay mejor luz», responde el borracho.

El policía cometió dos errores: permitir que un borracho dirigiera la búsqueda y, para empezar, asumir que el borracho sabía dónde buscar.

Todos cometemos errores similares. También cometemos otros errores. A veces buscamos las cosas equivocadas y luego no importa dónde mires, porque incluso si las encuentras, siguen siendo las cosas equivocadas. Pero la mayoría de las veces buscamos las cosas correctas en los lugares equivocados.

¿Por qué estamos tan enamorados de perseguir las cosas

equivocadas? ¿Y por qué buscamos persistentemente las cosas correctas en los lugares equivocados? La respuesta a estas preguntas es simple y central para nuestra discusión:

Nos permitimos confundirnos y distraernos por todas las demás voces de este mundo. Estas otras voces ahogan la voz tranquila dentro de nosotros que Dios usa para dirigir la actividad diaria de nuestras vidas si aceptamos seguir su guía.

Ignorar la suave voz interior, la voz de la conciencia, es el origen de todos mis arrepentimientos. Dejar de lado la voz de Dios y escuchar todas las demás voces siempre ha sido una receta para el desastre y, sin embargo, seguimos eligiendo ese camino a diario.

El ruido es la violencia espiritual de nuestra época. El mundo sigue haciéndose más ruidoso.

Todos los días somos bombardeados con las voces de estos supuestos «expertos» e «influyentes» con ideas, opiniones y intenciones ocultas contrapuestas. Asaltan todos los aspectos de nuestras vidas y buscan influir cada decisión. Nos hablan sobre nuestras finanzas personales, elecciones profesionales, relaciones, decisiones educativas, cómo criar a los hijos, qué comer, dónde comprar, qué música escuchar y qué libros leer, qué ideas políticas deberían estar en nuestras mentes, qué candidatos son dignos de nuestros votos y todas las razones por las que la religión es mala y la fe es una reliquia del pasado. Estas interacciones tienden a dejarnos enojados, confundidos, ansiosos, asustados y abrumados y, sin embargo, seguimos regresando cada día para que estas voces nos sigan bombardeando.

Estas son conversaciones que deberíamos tener con Dios y con las personas que se esfuerzan por «practicar la justicia, amar la misericordia y caminar humildemente ante tu Dios» (Miqueas 6:8).

Ahora que lo pienso, ¿no es esa una buena prueba de fuego para las personas a las que deberíamos escuchar? ¿A quién verías en la televisión si solo sintonizaras a personas que se esfuerzan por «practicar la justicia, amar la misericordia y caminar humildemente ante tu Dios»? ¿Qué podcasts escucharías? ¿Qué libros leerías? ¿Y qué películas y programas de televisión verías?

Estas son preguntas inquietantes porque revelan cuánto tiempo le damos a las ideas y voces infieles en nuestras vidas.

Y luego están los cinco grandes. Los cinco grandes se refieren a las cinco personas de tu vida con las que pasas más tiempo. Se ha observado que las personas emulan a las cinco personas con las que pasan más tiempo, para bien o para mal.

Hay muchos empresarios exitosos cuyos cinco amigos más cercanos también lo son. Y muchas personas en buena forma física cuyos cinco amigos más cercanos son fanáticos de la salud. Y es sorprendente cuántos de los santos tenían amigos que también son santos canonizados.

¿Cómo describirías a tus cinco amigos más cercanos? ¿Cuáles son sus valores y prioridades? ¿Se alinean con cómo te sientes llamado a vivir tu vida? ¿Te ayudan a convertirte en una mejor versión de ti mismo? ¿O llenan tu vida de chismes e ideas tóxicas que te alejan de Dios?

Estas cinco personas tienen voces muy influyentes en tu vida, seas consciente de ello o no.

El mundo está lleno de voces y la gran mayoría debería ser ignorada. La forma más fácil de vivir mal tu vida es limitar la cantidad de tiempo que pasas escuchando la voz de Dios y maximizar el tiempo que pasas escuchando todas esas otras voces.

Si escuchamos los consejos de los tontos, nosotros mismos nos convertiremos en tontos. Si vertemos contenido tóxico en nuestros corazones y mentes, nuestros corazones y mentes se volverán tóxicos.

Para vivir una vida rica y satisfactoria impulsada por una misión se necesitan consejos sabios, y no hay ningún consejo más sabio que el consejo de Dios.

VEN AL SILENCIO

«Al final, haremos ruido en todo el universo».

Estas son las palabras que C. S . Lewis puso proféticamente en la boca del diablo hace casi cien años. Su famosa colección de cartas entre el diablo mayor, Screwtape, y su aprendiz, Wormwood, eran a la vez divertidas y perspicaces.

Las treinta y una cartas se publicaron más tarde en un libro titulado *Cartas del diablo a su sobrino*. En las cartas, Screwtape aconseja a Wormwood sobre el procedimiento para ganar un alma de Dios para el diablo. En un momento, Wormwood está tratando de idear todo tipo de formas creativas y exóticas para tentar al hombre que le ha sido asignado, y Screwtape lo reprende, explicándole que sus métodos ya están establecidos desde hace mucho tiempo. Uno de esos métodos, explica, consiste simplemente en crear tanto ruido que los hombres y las mujeres ya no puedan oír la voz de Dios en sus vidas.

¿Puedes escuchar la voz de Dios en tu vida?

Escrito hace cien años, antes de la invención de la mayoría de los artilugios que hoy asaltan nuestras vidas con ruido constante, C. S . Lewis presentó una visión profética del papel diabólico que desempeña el ruido en nuestras vidas.

Esta idea de crear tanto ruido que la gente ya no pueda oír la voz de Dios en sus vidas es tan simple y tan diabólica y es exactamente lo que ha sucedido.

Es por eso que cierro estas páginas con una invitación. Ven a la tranquilidad.

Es la panacea de nuestros tiempos.

El silencio es un bálsamo curativo para el alma moderna. No puedo recomendártelo lo suficiente. Ven a la tranquilidad. Descansa en el silencio eterno de Dios y permítele calmar tu alma. Permítele calmar tu mente y tranquilizar tu alma. Nunca subestimes el poder del silencio.

Simplemente aumentando la cantidad de tiempo que pasas en silencio le das a Dios la oportunidad de alterar radicalmente el rumbo de tu vida.

Necesitas quietud, silencio y soledad. Deseas quietud, silencio y soledad.

Ven a la tranquilidad. Establece un tiempo específico cada día y asigna una cantidad específica de tiempo para permanecer con Dios en el silencio.

Ven a la tranquilidad. Esta es la forma más sencilla y natural de establecer a Dios como el objeto central de tu atención.

Ven a la tranquilidad. Dios habla en el silencio. Si anhelas escuchar su voz, aumenta la cantidad de tiempo que pasas en silencio cada día y espera pacientemente a que te hable.

Ven a la tranquilidad.

Permite que Dios te hable a través de tus necesidades, talentos y deseos. Ven a la tranquilidad.

Este es un hermoso acto contracultural. Ven a la tranquilidad.

Esta es una actividad de otro mundo. Ven a la tranquilidad.

Sólo porque estés perdido no significa que tu brújula esté rota. Ven al silencio.

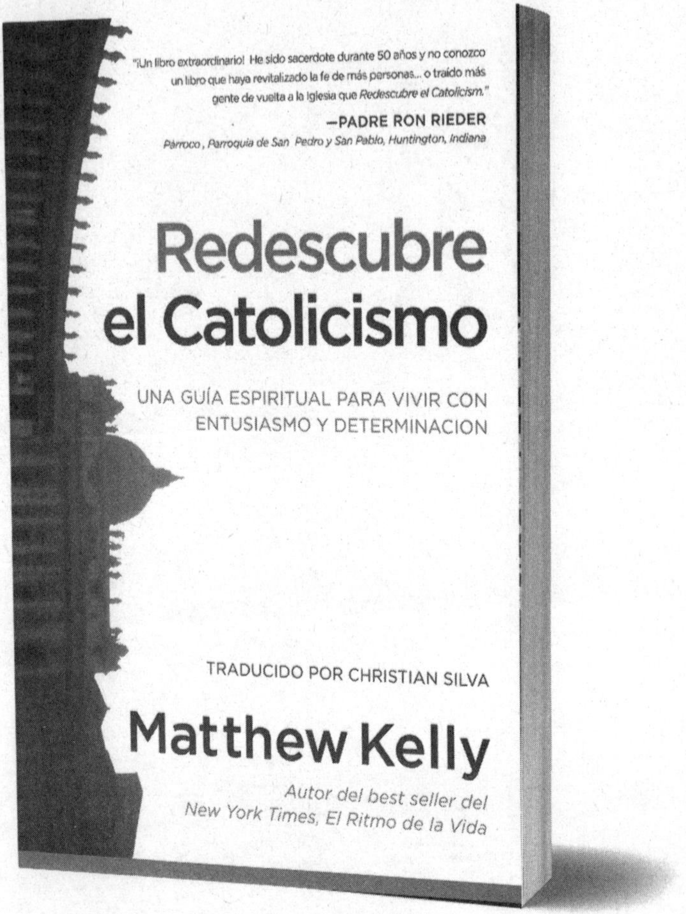

Vuelve a Descubrir a Jesús

UNA INVITACIÓN

UNO DE LOS AUTORES DE GRAN ÉXITO DE VENTAS DEL *NEW YORK TIMES*

MATTHEW KELLY

EL MEJOR MOMENTO PARA REDESCUBRIR JESÚS ESTÁ AHORA MISMO.

¡Disponible en tapa blanda y libro electrónico!

ORDENE SU COPIA HOY EN

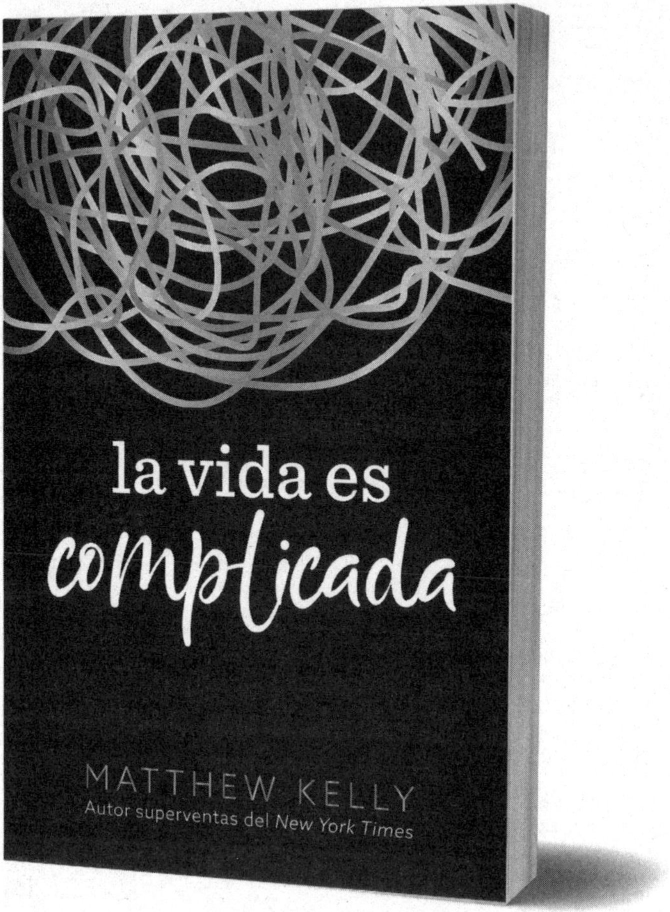

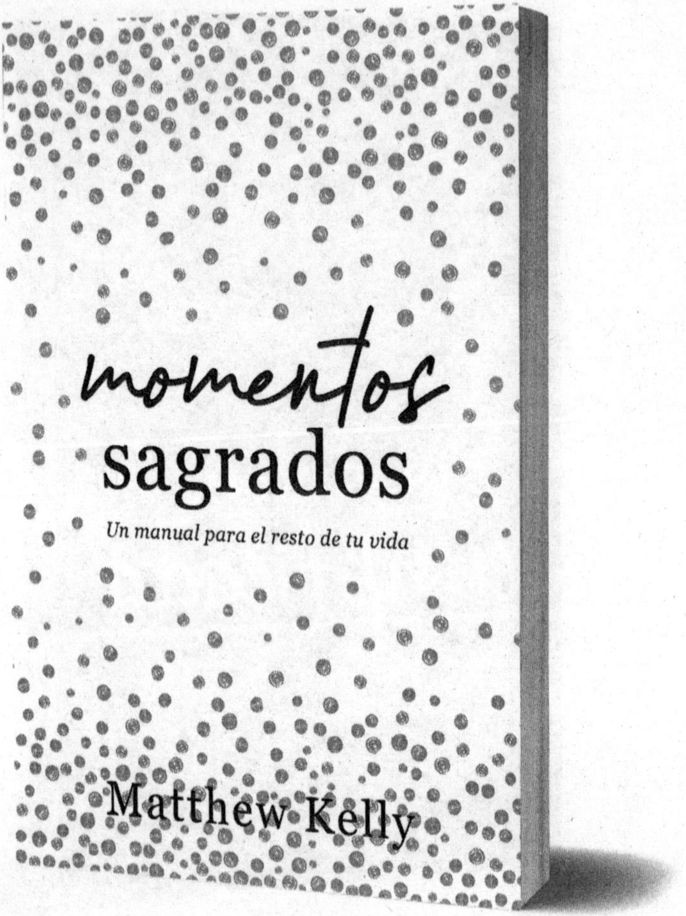